中公文庫

幕末明治人物誌

橋 川 文 三

目次

吉田松陰　吉田松陰　9
坂本龍馬　維新前夜の男たち　51
西郷隆盛　西郷隆盛の反動性と革命性　63
後藤象二郎　明治的マキャベリスト　85
高山樗牛　高山樗牛　133
乃木希典　乃木伝説の思想　151
岡倉天心　岡倉天心の面影　181

徳冨蘆花　蘆花断想　231
内村鑑三　内村鑑三先生　239
小泉三申　小泉三申論　247
頭山満　頭山満　263
解説　問題の「はかなさ」を知る人　渡辺京二　301

幕末明治人物誌

■吉田松陰　一八三〇～五九

吉田松陰

1　杉家の家風と秀才童子松陰

吉田松陰は天保元年（一八三〇年）八月四日に生まれた。生まれた場所は萩の護国山南麓の樹々亭《じゅじゅてい》という仮りの矮屋《わいおく》であった。父は杉百合之助、母は滝、叔父に吉田家を継いだ大助と玉木家を継いだ文之進とがいた。彼らは他家を継ぎながらもまだ同居であった。兄梅太郎が三歳であったが、松陰の生まれたのち、千代、寿、艶（夭死）、文、敏三郎と四妹一弟が生まれている。まもなくその叔父二名は家を出て一戸をかまえるが、松陰は当時祖母と父母、兄妹四人という八人家族の一人として育ったわけである。

この杉家の家風は、のちに松陰が妹千代に宛てて記しているように、「第一に祖先を尊び給ひ、第二に神明を崇め給ひ、第三に親族を睦じくし給ひ、第四に文学を好み給ひ、第五に仏法に惑ひ給はず、第六に田畠の事を親《みずか》らし給ふの類なり」という「世に及び難き美事」がその特長であった。しかしその印象は世間に類少ない醇風美俗の家であったというよりも、むしろ温順でしかししんの強い一族だったろうという感じがする。これにはその母親の存在が当然に浮んでくる。というのは松陰の母滝はふつうの家事労働はもちろん、姑の妹が病むとその舅と一児とあわせて三人を自分のところへ引き取り、自家の貧しさにもかかわらず、看護と養育を惜しまなかったというが、その義弟玉木文之進さえ、この母には推服するところがあったといわれる。その母の兄がのちに鎌倉に住み、松陰が江戸に上る折に訪問していった僧竹院である。

松陰の父百合之助は尊皇の心あつく、その職は記録所御次番役、呉服方、百人中間頭兼盗賊改方などを任としていたが、要するにそれは微々たる職務でしかなく、石高も二十六石にすぎなかった。しかしその庭訓の地道な風習は松陰の心にあついものを残したようである。彼はその生涯最後の年、安政六年、「奉別家大人」という詩において、「耳存文政十年詔、口熟秋州一首文」と歌っているが、それは幼年時の彼を教えたこの父のことを偲んでであった。

松陰はその六歳の時、叔父吉田大助の家を継いでいる。家は代々山鹿流兵学師範であるが、しかしその年、同時に大助は亡くなっている。松陰はなお実父の家に同居していた。それから十歳になってはじめて藩校明倫館に登り、家学を講じているが、翌年には藩主毛利敬親《たかちか》に対し『武教全書』戦法篇を講じている。そしてその師を聞かれたところ、左右の者がそれは玉木文之進であると答えている。その頃松陰は父の家と玉木文之進の家とを往復していたのである。

この大助は松陰六歳の死別であるが、その後、松陰が藩士山田亦介《またすけ》から長沼流兵学を学んだとき、その山田が親しくしていた養父のことをつぶさに聞かされた。それもまた松陰の志を固くするのに役立つものであった。また安政以降の藩政に参与した山田宇右衛門頼《らい》毅《き》にもついて学んだが、それは松陰が「小少にして門下に親炙し、片言隻辞、未だ曽て正を先生に取らざるなし、先生亦傾倒して遺す所なし」と述べているように、その心酔することもあつく、「山田先生の退避は常言ながら、終身此人の上に駕出する事は迚《とて》も出来申間敷奉存候」という言葉もある。

要するに私の眼には松陰は幼年時から良い家庭に育ち、叔父らの愛育の対象となり、なお多くの藩の俊才たちにその才を愛され、一般にも好ましい秀才童子として注目されたように思われる。それを物語る妹千代の話がある。

「母はいつでも、寅次郎〔松陰〕は何処に一点小言のいいどころもない、実に手のかからぬ子だと申して喜んで居りました。非常に親おもいで、優しい気質でございましたから、父や母に心配をさせまい、気を揉ませまいと、始終それを心がけて居たようでございます。着物などでも母が一枚こしらえて着せますと、何時までも母が着かえさせますまでは、黙って着ております。（略）また兄は何事にでも自分を後にして、他人のために尽すというたちの人でございました。或時吉田の門人で、そして吉田家の後見役を致して居りました林という家に泊りに参りましたが、折悪しく丁度その晩、林家から火事が出ました。火事ときくと、兄はすぐに跳ねおきて、枕元においてあった自分の大切なものは打すてて、他の室にかけて行き、林家の家財をドンドン運び出してやりました。後にその事がわかりまして、先方では痛く気の毒がられましたが、兄はあなたの方では大事な家が焼かれるのですから、一つでも余計にものを出してあげたいと思うのは人情でしょう。そのために自分の少しばかりのものが焼けたといっても不思議なことはありませんといって居りました。」（山口県教育会編『吉田松陰全集』〔以下全集と記す〕、巻一○「関係雑纂」、六七七頁）

2　鎮西遊歴と外国事情への知的欲求

その後、はじめて彼が家を出て領内をはなれたのは、嘉永二年六月、命を奉じて現下関市、小倉市などを見聞したのに始まる。彼が「廻浦紀略《かいほきりやく》」というのを記した時である。

しかしより大きい、そしてはじめての異国旅行は、翌嘉永三年八月二十五日、彼二十一歳のとき、他郷に旅立った鎮西遊歴である。それは「西遊日記」に記されているが、その目的は平戸にいた葉山佐内に従学するにあった。それとともに同地にいる山鹿流の宗家山鹿万介に学ぶためでもあった。この旅は青年松陰にとって初旅といってよく、その青春の日の思い出も多く、印象も深く、夜夢みることも少なくなかった。しかもそのおもむいたのは、今なお人々の心に訴えることの多い長崎と平戸の土地である。その旅路に絶好の味わいを感じざるをえない。

　松陰がこの旅行の結果何を得たかということは安易にいえないが、何よりも彼の眼が外国に向けられ、さらに経世の必要を痛感させられたということは明らかであろう。その日記から感じられるものは、まずそのことである。その日記に見られる彼の読書の傾向がまずそれを示している。そこには全部で六十一冊の書名が記されている。『伝習録』『聖武《せいぶ》記《き》』『先哲叢談《せんてつそうだん》』『貞観政要《じょうがんせいよう》』『阿芙蓉彙聞《あふよういぶん》』『経世文編』などの筋道の通った書物がまずその一つであるが、それとは別に平戸の豊島という人から『近時海国必読書』というのを借り、高橋景保訳『西洋人日本紀事』、渋川氏稿本『和蘭紀略』、東洋鯤叟著『北陲杞憂』『西侮紀事』、吉雄宜訳・浦野元周校『諳厄利亜《アンゲリア》人性情志』、高橋景保訳『丙戌《へいじゅつ》異聞』、古賀侗庵『泰西録話』、田原藩某著（＝渡辺華山）『慎機論』、古賀精里撰『極論時事封事』、斎藤拙堂撰『鴉片《アヘン》始末』、佐藤百祐著『防海策』、松本斗機蔵『上書』、そのほか『和蘭国王書翰』『魯西亜《ロシア》国王書翰』『授魯西亜使節信牌』『諭魯西亜使節書』『魯西亜属国伊児哥都《イルクーツ》蛤《ク》酋長書』『諭魯西亜国甲必丹《カピタン》』『魯西亜国甲必丹奉約書』などの名称を書きうつしている。そしてそれについで必読書に含まれる書物を次々と借り、さらにそれを読みきっている。嘉永三年十月十六日の記事の中に「近時海国必読書十冊、卒業」とあるが、のちさらに七冊があるのがわかり、『海防私策』『献芹《けんきん》微衷《びちゅう》』（大槻磐渓）、『対策』（深河潜蔵）、『内密問答書上下』（林家門人鶴峯）、『対策』（無名氏）、『海備芻言《すうげん》』（山鹿素水）などの書を見ている。その最後の読書日記を見ると、『聖武記』『先哲叢談』『新論』『配所残筆』『貞観政要』などで、まさにその書を読むことの速さと知的欲求とにおどろかざるをえない。

そしてそれとともに、私たちの胸にひびくのは二十一歳の松陰がある夜夢を見たことがらである。その頃、彼は原念斎の『先哲叢談』を読み、また東条一堂の『先哲叢談後編』を読んでいた。その頃のことである。

「一夜、家兄と、厳君に樹々亭に侍し、書を講ず。夜深くして業を輟《や》め、二程子の詩二首を読み、兄と同臥し、共にその詩を誦し、厳君またこれに和す。既にして眠に就く。少《しば》くして妹寿、文、弟敏ら群れ至り、紙二葉を携え、一を厳君に呈し、一を吾兄弟に投ぐ。そのうちみな程子の詩を録す。厳君朗誦一過、吾兄弟を呼び起して曰く、此詩を誦せよと。吾兄弟かつ諾しかつ起き、紙を展《ひら》いてこれを見、また同じくその詩を録す。よつて声を同じく之を和す。時に夕陽窓に在り、夢醒む。夜已《すで》に五更、三詩一も記する所なし。ただ後詩中の一句を記す。曰く、天に程氏なく士新兄弟を賜ふ、と。その余八句、皆程子兄弟夜読の詩なり。余客となりて以来、常に夢多し。然れども未だ始末歴々たるかくの如きものあらず。さきに先哲叢談を読み、士新兄弟のことにおいて、欽想恋々、身これを斉《ひと》しくせんと欲すれば則ち夢寐《むび》に発するなり。夢に周公を見る類あり。ただし二程士新を言ふと夜深くして寝、醒めて夕陽窓にあるとは妄もまた甚し。然れども大意すでに好し、因つてこれを記す。他人よりこれを見ればこれを記するも乃《すなわ》ちまた夢たるなけんや。」（「西遊日記」）

まことにただ「記レ夢」の断章にすぎないが、その文章は極めて好ましいリズム感をもっている。そしてそこにあらわれた父や兄弟、妹の姿はさながらに生き生きしている。とくにそれが『先哲叢談』にあらわれた宇士新（＝宇野士新）・宇士茹兄弟のことを読み、その愛情を慕って夢にまで見たというのはいかにも若い松陰の面影を伝えている。それは父への敬慕と、兄への信愛感と、幼い妹弟への愛情の合一を物語っているが、こうした人間愛の自然な反映がこの夢物語にあらわれていると思う。

この夢の記が連想を誘うのは、その兄杉梅太郎が嘉永四年三月の松陰東行にさいし、同じように夢を記していることである。

「弟義卿〔松陰〕江戸に東遊す。発程前数日、予と一丘にのぼる。徘徊して眼界を眺望す。開闊《かいかつ》にして江流漫海、宛然として霍江港の如し。而《しか》して彼の広則を視《み》るに数倍す。（略）義卿歌いて曰く、万人航海緑争舟と。予反覆吟咏。義卿に謂つて曰く、緑争舟とは何の謂ぞやと。義卿対《こた》へて曰く、海波緑なるところ、争ひて舟を進むの謂なりと。予掌を撫して大息して曰く、甚だしいかな吾が騒思の衰へたるや。解し易きかくの如きものにして而も解するを得ず、と。徐《おもむろ》にして夢さむ。予吏事を鞅掌《おうしょう》して、学識騒思普びに之を退く。歎ずべし。兄弟相思の情、平生懐に忘る能はざる者、偶然夢寐の間に発するか。」

この文章を彼は弟に送ってその添削をうけているが、これと同様の夢物語は松陰の父母、妹たちの間に決して少なくはなかった〔松陰死後の父母の夢物語などは全くそのものと思われる――全集、巻一〇、六八一頁〕。松陰のまわりには終生そうした空気がただよっていたのである。

それとともに松陰の心は世界にひらかれていた。すでに長崎の地で蘭船に乗り、その後平戸に学び、さらに長崎に帰って鄭勘助〔通訳〕に八回も会い、中国語を学ぶということをしている。また同地では高島浅五郎〔秋帆の子〕についてしばしば砲術について聞いている。彼が平戸で葉山佐内、山鹿万介について山鹿流を学んだのはいうまでもない。今も平戸にはその際の松陰の入門書が残されている。さらに長崎で崇福寺、福済寺、春徳寺などを見ており、蘭館、聖堂なども見ている。全体この旅行において松陰の眼前に展開したものは、まさに異国の情緒にほかならなかった。それはその後に展開するであろうことを予感せしめるものであった。

それとともに帰途熊本に遊び、宮部鼎蔵《ていぞう》らに会っていることもその青年の抱負をものがたるものであろう。熊本では啞の弟敏三郎のことを清正公神社に祈願しているのも印象に残る。その後嘉永三年十二月二十九日に彼は萩へ帰った。

3　東北旅行と自己認識

ついでその翌嘉永四年三月五日、彼は兵学修業のため藩主に附随して江戸に上った。そして江戸においては、安積艮斎《あさかごんさい》、古賀茶渓、山鹿素水、佐久間象山などに従学することになった。それらの印象を次のように記している。

「山鹿素水へ入門仕《つかまつる》、彼《かの》人文筆の拙は無此上候処、一種の才物にて時名《じめい》を得候人なり。随分取るべき事も可有之、著述も甚多し。中にも海備全策は〔安積〕艮斎翁の序御座候、至て誉て有之。艮斎・古賀〔茶渓〕など当時の兵家にはその右に出るものなしと被称候。如何様《いかさま》左様可有之候。方今江都文学兵学のこと三等に分れ居候哉に相見候。一は林家、佐藤一斎などは至て兵事をいふ事をいみ、殊に西洋辺のことども申候得ば老仏の害よりも甚しとやら被申由。二は安積艮斎、山鹿素水など、西洋事には強《しい》て取るべき事はなし、只防禦之論は無之てはと鍛錬す。三は古賀謹一郎〔茶渓〕、佐久間修理、西洋のこと発明精覈《せいかく》とるべきこと多しとて頻《しきり》に研究す、云々。」（嘉永四年五月二十七日、玉木文之進宛）

そしてその感受性にいたくひびいたのは次のようなことがらであった。

「是迄《これまで》学問迚《とて》も何一つ出来候ヿ《こと》無之、僅かに字を識り候迄に御座候。夫《それ》故方寸錯乱如何ぞ哉。先ず歴史は一つも知不申、此以大家の説を聞候処、本史を読まざれば成らず、通《つ》鑑《がん》や綱目位にては垢ぬけ不申由。二十一史亦浩瀚なるかな。頃日《このごろ》とぼ〳〵史記より始め申候。（略）輿地《よち》学も一骨折れ可申。砲術学も一骨折れ可申。西洋兵書類も一骨折れ可申。本朝武器制も一骨折れ可申。（略）方寸錯乱如何ぞ哉。」（嘉永四年八月十七日、兄杉梅太郎宛）

それはこの二十二歳の青年学徒にとって、まさにおどろくほど未知というべき事態であった。そしてさらに、

「或人云、漢唐宋明代の事もつとも精《くわ》しく記得すべしと。此亦その理ある事なれば、御

玩味可被下様、同人へ御伝言奉頼候。且日本歴史、軍書類、もつとも力を用ゆべきものの由、或人に聞候へども未暇及、其人云、御藩の人は日本のことに暗しと。私輩国命を辱《はずかし》むる段、汗背《かんぱい》にたへず候、云々。」（嘉永四年九月二十三日、兄杉梅太郎宛）

というような記録もある。これはとくに松陰にとっては印象ぶかいものであったと思われる。

しかし、嘉永四年（一八五一年）は宮部鼎蔵、江幡《えばた》五郎（那珂通高《なかみちたか》）との東北紀行で年を越している。それは江幡の仇討ちに援助するためであったが、そのことが松陰の脱藩ということにつらなっていた。

それは嘉永四年十二月十四日に始まっている。あたかも冬季の東北地方であり、その路程の困難が思われるが、しかしかつてのように足をいためたり、風邪をひいたという様子はみえない。彼の行先は水戸、郡山、会津、新潟、佐渡、本庄、酒田、称田、弘前、御所河原、小泊、大泊、野辺地、盛岡、石巻、仙台、白石、米沢などをめぐって百四十日を数えるが、その間の見聞録が『東北遊日記』である。それは一年前の西遊日記と比べてはるかにながい時日を費しており、しかも陸路を歩くという形をとっている。それも旧暦二月という時期である。たとえば松陰は新潟に着いたとき、その頃、海上からすれば三日で行ける松前に、陸行すれば十数日を要すると聞き、中川立庵・日野三九郎らに周旋を託し、その間を利用し佐渡に渡っている。もし北海道行きが実現しておれば、我々は松陰の北海道印象記を与えられていたわけである。ともかくこの旅行は松陰にとってきわめて教えられるところが多かった。

まず我々は水戸に遊ぶ松陰の姿を見る。それは年来の十二月十九日から翌月二十日までのことであるが、その間松陰が悟ったことは、前にものべたが自分が我国の歴史について無知なことであった。その地で会ったのは会沢正志斎、豊田彦次郎（天功）、桑原幾太郎ら藤田東湖の親友であった。しかしこの時東湖は主君に随って江戸におり、謹慎中なので会わなかった。松陰は会沢を訪《と》うこと数次、「率ひて酒を設くるは水府の風、他郷人に接する甚だ渥《あつ》く、歓然交欣、心胸を吐露し、隠匿するなし。会ま談論の聴くべきあらば必ず筆をとつて之を記す。これ天下の事に通じ、天下の力を得る所以か」と記しているが、恐らくその期間を通じ、彼が長崎時代に読んだ『新論』『常陸帯』をはじめとする日本歴史の知識の欠如することを知った。それが分かるのは翌年、屏居中の彼が記した『睡余事録』である。そこには『日本書紀』『続日本紀』『続日本後記』『職官志』『令義解』『日本外史』をはじめ、彼が日本史に詳しくないことを知って新しい傾向に向っていることが明らかにわかる。かつて「二十一史、また浩瀚なるかな」と記したものとそれはならんでいるのである。

しかし「歴史」がここで登場するのははじめてのことではない。すでに中国の歴史は彼の中に落ちつかんとしていた。ただ中国史との接点が問題であった。のちに『講孟余話』はその結晶をなしていると思うが、そこにいたるには未だ若干のひまがあった。ただ彼の中には昔を生きた中国の人々も日本の人々も、そのままの姿で眼に映るという特徴があった。あたかも現実にその表情や言語動作に対するように人を見るのが松陰の歴史感覚であった。

水戸学はそのようなものを残した。しかし青年松陰の前途にはなお多くのものが残されていた。たしかに水戸の人々は、日本人もまた歴史を残すのか！という驚異に似たものを与えたといえよう。しかしその前にはなお東北の旅行がまっていた。

水戸では瑞竜山を訪ね、西山を見た。ちょうど正月一日のことである。そこには義公の英風がとどめられていた。それから佐竹寺を訪ね、自分らを秋田の者と思う一民間人に案内をうけ、またそこに懐古悵然《ちょうぜん》の態度があるのに感じた。その日、所伊賀右衛門の家に投じ、さらに今は在野のこの人物が、八年前の甲辰の国難のとき、身を挺して斉昭を済《すく》わんとしたことを聞かされ、感激して詩を作った。その翌々日、水戸を発って鹿島、潮来《いたこ》に行き、宮本尚一郎宅（『常陸志』の選者）に泊り、その地で兄梅三郎のことを偲んで詩を作っている。そして翌日、銚子を見、それから三日の後水戸に帰っている。

水戸に別れるのは一月二十日、それより助川、手綱、大津を経へ白河に泊っている。雪が降る日がつづいたが、その頃、同行した江帾五郎と別れた。江帾は森田節斎の弟子で、その時兄春庵の仇討ちをねらっていたことは前に記したとおりである。そしてこの日、親友の行を見送って「終日茫々、失う所あるが如し」という状態を経験している。あとは宮部鼎蔵と二人きりである。

さらに二人は会津若松に達し、古賀精里門下の高津平蔵ほか多くの人々に会い、会津の藩校日新館を見、その藩制・学制・学風などを学んでいる。それから雪のある道を新発田《しばた》に抜けている。その間の艱難《かんなん》は二月八日の詩中に歌われている。そして新潟に入ったのはその月十日であった。その日は会津の黒河内伝五郎・江戸の斎藤弥九郎らと交友のある日野三九郎という人のところに泊った。のち中川立庵という学者を問い、その世話になっている。その間、実に三十七日を費しているが、その間を利用して佐渡にわたるまでに、出雲崎で十数日も船便を待っている。その徒然を辛じて慰めたものが『北越雪譜』『北越奇談』『常山紀談』などの書籍であった。

佐渡に滞在すること十日、順徳帝の陵をたずね、宮部とともに詩を捧げている。それから蔵田田中という役人にいろいろのことを尋ねており、ついで鉱山役人松原藤太というのにみちびかれて坑内を見物している。「入ること十四、五町、坑中光あり。打声丁々、歌音琅々《ろうろう》、入て之を観れば即ち鉱を穿つものなり。鉱を穿つ者を観ること五六処、路を転じて樋場《とよば》に至り、水を棄つるを観る。水を浚《さら》う状の如し。坑中甚だ暖く、傴僂《うる》曲折して行けば、満身汗を生じ、坑を出づれば則ち雪片身にふれ、甚だ清爽。地獄を離れて人間界に出づるが如し」とあるが、「また以て金を視ること糞土の如きものの胆を寒からしむべし。孰《たれ》かまたこれを夷船に棄つるに忍びんや」の文句もある。それから更に銅を分離する土場を見、さらに数日の船待をして出雲崎に帰った。

しかし「新潟に来りてよりすでに三十七日、延留実に舟のためなり。今則ち陸行するは、策の最も失はれたるも、また之を如何ともするなし」という事情があった。それは舟人たちが士人をのせることを好まなかったからである。そのため二人はついに陸行を決した。藤塚、岩船、村上、猿沢、塩町などを経て吹浦《ふくら》に宿し、その後本庄、秋田、鹿渡《かど》、小綱木《こつなぎ》と健歩している。

彼らが大館に着いたのはその二十八日である。それから奥羽の境界をなすけわしい谷間を越え、ようやく弘前に入った。そこに二泊し、山鹿素水の弟を訪ね、津軽の辺境防備の実情を聞き、さらに藩校の様子を聞いた。それから藤崎、中里を経て海岸の小泊に泊った。北海道と相へだたるわずか七里の地である。この地は戸数三百を数える。その後、三厩《みうまや》、大泊を経て上月というところに泊っている。ここは竜飛崎の近くで、松前とはわずか三里

であるという。松陰はそこで、

「松前白鼻崎と相距つる三里のみ。しかして夷船憧々、誰かこれがために切歯せざらんや。独り怪む当路のもの、漠然省みず。竜飛崎の近地、五村あり……戸数とも六十ばかり。その人物旧蝦夷人種にかかわる。今則ち平民と異るなし。それ夷また人のみ。之を教へて化せば、千島・唐太また以て五村となすべきなり。而して奸商の夷人を待つは則ち人禽の間を以てすといふ。噫惜しむべき哉。」

と嘆じている。

さらに徒歩と舟旅をかさねて青森につき、その日は野辺地まで歩いている。いぜんとして残雪が多い。翌日、五戸に泊り、さらに翌日は末の松山を経て一戸に達している。一戸を発って岩手山を右に眺めながら川口に泊り、次の日盛岡に着いている。翌日、江帾家を訪れ、五郎の消息を語り、厨川《くりやがわ》の城址を見て盛岡を去る。郡山というところに一泊、翌日は花巻を経て黒沢尻に泊り、その次の日は本道をはずれて中尊寺をたずねたのち、一関に泊っている。

ここで針路をかえ登米《とめ》に出て泊り、翌日は北上川を下って石巻に達して泊る。更に次の日に松島へ、翌日は塩釜明神をたずね、更に多賀城の石碑を見て詩を作り、仙台に至っている。仙台には三泊したが、その地に劇場があり、酒茶餅を売る売店が仮設され、すこぶる江戸風である。養賢堂は学田一万三千石というが、その学制と藩制をくわしく聞いている。瑞鳳寺に詣で、愛宕山に登ったのち、江帾五郎の所在を聞いた。その翌日は仙台をわずか一里ばかりはなれた中田という所に泊っている。そして、その翌日、二人は一月に別れた江帾五郎に出会った。江帾はその前から石巻にいたが二人の消息を知り、塩釜、仙台からはるか先の福島まで二人を追ったが会えないので、あきらめて仙台へ帰る途中だったのである。その夜白石に泊った三人の話は「快愉甚だし」というべきであった。翌日、二人は右へ折れて米沢の道をとったが、五郎は別れを告げるため途中の戸沢まで同行した。そこで更にともに泊った。

翌日は五郎に「永訣」を告げ、二人は渡瀬《わたらせ》・関町を経て滑津《なめづ》に泊る。翌日は米沢である。米沢では藩主の江戸行準備のためみな忙しく、諸学士に会うことができなかった。翌日、藩公の発駕とともに米沢を発ち檜原《ひばら》を経て大鹽《おおしお》というところに一泊したが、仙台、白石では花は散っていたのにこの間桜花は満開であった。更に翌日、再び若松に泊り、更に翌日は田島というところに泊った。それから高原に一泊し、今の鬼怒川温泉の辺りを経て今市を過ぎ、日光に詣で、鉢石《はついし》町に泊っている。それから、栃木を経て足利に一泊、この地の学校を見ている。その後館林を経て関宿にて夕食、一泊して、江戸に着いたのは四月五日のことである。

しかし彼には亡命の罪が待っていた。江戸に帰ったばかりの翌日、次のような記事がある。

「藩人来り急に邸に帰るをすすむ。余前日の言と前日の志とを以て之を拒く。藩人云ふ。子の亡、官甚だしく咎めず、けだし子はじめ遊歴の許しを得たるを以てなり。然れども子の許しを得たる、十月を以て限りとなす。限をすぐれば則ち罪測るべからず。限りに及びて還る。則ち官或は深く罰せず。今急に邸に還りその罪に服し、然る後再び素願を申べ、徐にその罪を贖《あがな》ふもまた未だ晩《おそ》からざるなり。かつ子国家に負う者に非ず、十年の後国に帰る、則ちその学すでに成ると雖《いえど》も身すでに容るるなし。急に還り身を容るるの地をなし、しかる後その学を成すにしかざるなり、と。宮部また余の亡を以て己のための故と謂ひ、必ずこれを邸に還し以てその責《せめ》を塞《ふたが》んと欲し、これを論ずるに甚だ力む。是において帰計決せり。十日を以て邸に入る、云々。」

4　萩屏居中の国史研究

こうして松陰はその年四月邸に帰るが、藩命があり五月に帰国。およそ七カ月、萩に謹慎した。しかしその間主君が彼の才能を惜しみ、父百合之助に内諭して十か年の諸国遊学願いを提出させたのは翌嘉永元年一月十三日のことである。その間、松陰がもっとも熱心に学んだものは歴史であった。それが『睡余事録』に記されたものである。「身皇国に生れて、皇国の皇国たるを知らざれば、何を以て天地に立たむ」と記しているが、そこには先にふれた歴史書のほか『三代実録』『日本逸史』『吉田物語』『温故私記』などもあげられる。『史記』『十八史略』『漢書』なども読まれている。要するにこの間の松陰は歴史に重点をおいているのであるが、その中に宋代の歴史家陳龍川の文集があげられている。

陳龍川は南宋の人であるが、朱子学を排し、明代の李卓吾に激賞されたところからみてもその傾向がわかるはずである。龍川先生と称され『龍川文集』というのがあるが、松陰はとくにその奇才あり、兵を談ずるところを好んだところに共鳴したのかもしれない。なおその恋闕の情までにはいたっておらないといえよう。

そしてまた一月二十六日遊学が始まった。まずはじめにかつて江幡五郎の師であった森田節斎を大和五条にたずね、かつて東北で江幡に託された訣別の書をとどけているが、この節斎のところには五月近くまでとどまることになった。そのさい彼の学んだものは意外に多かったと思われる。というのは森田は当時「節斎学術を論ずるや伊藤仁斎、中井履軒を取る。又尤も姚江《ようこう》に左袒《さたん》す、その文章、本邦にありては室鳩巣、太宰春台、滝弥八〔鶴台〕を取る。常に曰く、議論は皆孟子七篇より出で、叙事は皆史記より出づと」と松陰の日記に記されているように、一風ある人物であった。松陰が一時「文事を治むるに精力を注がんか。又文事を棄絶して専ら韜鈐《とうけん》に用んかと心緒錯乱仕居後」といっているのは、この節斎の影響をうけたためである。その節斎が『史記』の「項羽紀」「淮陰伝《わいいんでん》」及び孫子の「文法」を教えたというのは松陰にある種の印象を残したであろう。その他、大和にいたころは八木の谷三山《さんざん》、その高弟森竹汀などとも交り、その儒学への心がさらにひらかれたと思われる。

さらに伊勢に詣でた彼は、その昔大塩平八郎とも親交のあった国学者足代弘訓《あじろひろのり》を二回にわたりたずねている。足代は当時七十歳に近いが、五十歳に近い年をへだてて松陰は何を語ったのであろうか。その手紙のなかに「ことに足代は両度まで訪問。別して志たくましき人に御座候」と書かれているのが印象に残る。そしてその翌日は、津に帰って斎藤拙堂《せつどう》を訪ねている。これも森田節斎に紹介されたすでに五十歳の人物である。それから彼は中仙道を通り、碓氷《うすい》峠を越えて江戸に達しているが、その時彼はそのまま鎌倉に伯父竹院を訪ね、およそ一週間滞在している。

この竹院とは前年出会っているが、この時は松陰の印象に深く残された。前年度よりも松陰の心の側になにかが強く刻まれたものであろう。兄宛ての書簡の中には「流石《さすが》禅学の功その甲斐ありて、その話甚だ吾心を獲たる著に御座候」のような讃美のことばが記されているが、松陰周辺の人々のすぐれていることがまた我々の心に沿うものである。

しかしこの年嘉永六年と翌七年とは、松陰にとってはもちろんのこと、他の多くの人々にとってもおどろくべきことのあった年である。同年十月二十七日の長崎行と、翌嘉永七年三月二十七日夜の下田行とである。我々がここでおどろかされるのは、それが正に生命がけの出来事であり、ある種の比喩を用いるなら、幕末において行われようとしたハイジャック事件のようなものであった。

5　黒船来航——長崎紀行と下田踏海事件

その前の六月三日、米国水師提督ペリーが浦賀に来た。あたかも松陰が鎌倉から帰り、鳥山新三郎家を寓居と定めたのは六月一日、そして三日は佐久間象山に再遊の挨拶をしたばかりである。そして四日、すでに象山は浦賀に発って不在。その夜松陰もまたじっとしておれず、急遽単身浦賀に赴くこととした。四日の午後八時頃である。あたかもそれは兵学家松陰の江戸到来に期を合わせたような出来事であった。専門の学としての兵学と、それまでにさまざまに誘惑された文学とが、そこでは問題なく兵学に傾いている。彼の手紙には次のように読まれる。

「佐久間は慷慨し、事斯《ここ》に及ぶは知れた事故、先年より船と砲とのこと随分やかましく申したるに聞かれず。今は陸戦にて手詰の勝負の外、手段これなきとの事なり。何分太平を頼み、あまり腹つづみをうちおると、事ここに至り、大狼狽の体あはれむべし、あはれむべし。……併し此にて日本武士、一へこしめる機会来り申候。賀すべきまた大なり。」（嘉永六年六月六日、道家龍助宛書簡）

それから六月十日に松陰は浦賀から江戸に帰っているが、ここで再び象山と松陰の関係を見ておくことにしたい。象山はいうまでもなく勝海舟の妹婿であり、しかも海外情勢とその実力の認識において当時ずばぬけた俊才であった。その彼が松陰によって「佐久間象山は当今の豪傑、都下一人に御座候。朱に交れば赤の説、未だその何の因たるを知らず。慷慨気節、学問あり、識見あり、藤森、塩谷、羽倉などみな国体を知る者、大義を弁ずる者。象山もっともその人物なり」（兄宛書簡）とされたことを見るとき、それより二十歳は若い松陰の気持はわかりそうである。そのことを少し学問的イデオロギーの問題にすりかえていえば、同じ書簡の中に「〔安積〕艮斎俗儒、僕甚だ之を鄙《いや》しむ。絶えてその門に入らず。林家・一斎・筒井などみな和議を唱うるの俗儒、艮斎もその同類たるべし」と書かれているのがそれに当るであろう。林家は幕府の儒者林述斎の系譜。一斎は佐藤一斎、筒井は筒井政憲であろうが、すべてそれらを今いう日和見主義として徹底的に排斥する立場である。外艦来襲とともにそのような変化が生じている。そしてそれとともに松陰は「将及《しょうきゅう》私言《しげん》」を書いて藩主にささげている。それは「急務条義」「急務策一則」「急務則一則」などとともに書かれたものであるが、御家人召放《めしはなし》の処分をうけている松陰にとっては、まさに用猛のチャンスでもあった。

そして彼がその頃唯一人推服《すいふく》したのが佐久間象山であった。彼の自然科学、応用科学の知識は弘化元年ごろから急速に伸び、嘉永年間には江戸に塾を開いてその弟子の数もおびただしかった。そして松陰は早くもその弟子たちの中で小林虎三郎とならんで「象門の二虎」と呼ばれるような人材であった。象山が「義卿〔松陰〕の胆略、炳文〔小林〕の学識、皆稀世の才なり。但し天下の事をなすは吉田子を可とし、我子を依託して教育せしむるは、独り小林子を可とするのみ」と評したといわれるが、その「天下のことをなそう」という志望が急速に高まるのがその九月に始まる「長崎紀行」である。その日記の始まりは次のようになっている。

「嘉永癸丑《きちゅう》九月十八日、晴。江戸を発し、将《まさ》に西遊せんとす。この行深密の謀、遠大の略あり。象山師首《はじめ》之が慫慂《しょうよう》をなし、友人義所《ぎしょ》〔鳥山新三郎〕・長鳥〔永鳥三平〕・圭木〔桂小五郎〕亦之が賛成を成す。その他の深交旧友一も識る者なし。」（『長崎紀行』）

この前九月十日玉木文之進宛の手紙にも、九月十三日家兄宛手紙にも、十七日、十八日の同じ書簡にも、一言半句もこのたびの長崎行のことはふれられていない。その真相は初めペリーが来り、のちプチャーチンが長崎に来ているが、その回答をなすためにも外国事情に通じておく必要がある、そのためにはロシア軍艦が来たのに乗じ、中国に渡り、その後外国船に便乗して欧米に行くのが唯一の方法であろうという象山の示唆が行われた。その暗示が松陰の心をとらえたのである。象山は送別の詩を与えた。

之子有霊骨　久厭蹩躠群　奮衣万里道　心事未語人　雖則未語人　忖度或有因……

途中京都では梁川星巌《やながわせいがん》に会い、熊本では宮部鼎蔵、横井小楠らに会っている。そして十月二十七日、長崎に達したが、その時もう露艦はいなかった。そしてすぐ熊本に立寄って何事かを画策したのち萩に帰っている。それから再び京都へ立寄り、梁川星巌、梅田雲浜《うんぴん》、森田節斎、鵜飼吉左衛門らに会っているが、そこでは一年前に会った森田に対しても、すでにある種の志士的な判断を述べており、この紀行中には、単なる史家・文学者・兵学者とはことなる気配が感じられる。江戸に帰ったのはその年十二月二十七日である。

更に翌年、安政元年三月には幕府はペリーと日米和親条約を結び、さらに下田条約をも結ぼうとしていた。その矢先に起こったのが松陰の下田踏海の事件である。そのありさまを語るのにはまずその年の桜狩りの記事がある。鳥山新三郎、永鳥三平、梅田雲浜、金子重之助《しげのすけ》ら長州・肥後・出羽の志士たち十数人と遊んだ日の記録では、

「白馬碧桜、青粉紅娥、太平の光景目に余りたることにて、楽極まりて哀を生ず。一つには尸を海外に没せば、再び華の江戸の此光景を又もや見んことも覚束なきを哀しみ、一つには夷舶は近く金川に泊するに、少年幼婦は国家の大患たることを知らで、楽しげに花に迷う蝶とともに飛び、柳に嬌ぶる鶯と共に歌うことこそあさましけれと悲しみけれど、少しも顔色声音には是を出さで、夜に入りてぞ帰りける。」

と記されているが、その翌日三月四日、ちょうど公務で江戸に来ている兄梅太郎に偽って鎌倉に隠栖修養するとして告別し、翌日五日京橋の酒楼において踏海の意見を述べて一同の賛同を求めた。永島三平が「勇鋭力前は吉田君の長所なり、縝密《しんみつ》持重を以て是を止めんと欲す、吾その事を成すなきを知る」というにいたって衆議はついに一決した。宮部鼎蔵、佐々淳次郎らも涙を流してその決意に賛成したという。こうして松陰の海外渡航は決った。携行するのは『孝経』『和蘭文典』『訳鍵《やくけん》』『唐詩選掌故』などの数冊である。同行者は同郷の足軽金子重之助である。この金子のことは松陰の友情のあらわれとしてしばしば光彩をひく。「金子重輔行状」はその人の行状を録し、とくに踏海の事についてその意見が大きかったことを記している。

伊豆下田におけるその行動はすでによく知られているから記さない。ただ松陰がその失敗の理由を「三月廿七日夜記」に記しているのでそれを引いておこう。

「其事の破れの本《もと》を尋れば櫓ぐいなき計《ばか》りにてかくなりゆけり。（略）敗軍すれば一概に下手の様にいへども、其曲折を聞けば必ず拠《よんどころ》なきことあるべし。後人紙上に英雄を論ず、悲しきかな。吾等のこと、後世史氏必ず書して云はん。長門浪人吉田寅二郎・渋木松太郎〔金子重之助の変名〕、夷船に乗じ海外に出んと謀る。事あらはれて捕えらる。寅ら奇を好み術なし。故に此に至る、と。」

また後年英人スチーヴンソンが松陰の弟子正木退蔵から聞いたこの時のことを記している。

「海岸にほとんど近い小さな寺で彼らは休息のために横になった。横になるとともに彼らは眠った。そして彼らが眼ざめたのは、「東がすでに白んでいたときだった」。彼らの日本における最後の朝である。彼らは漁師の舟をぬすんでこぎはじめた――ペリーの艦は潮の干満のため見るから遠くにいた。彼らの上船のふるまいは決定にとって甚だ意味ぶかかった。というのは、彼らが艦にひろいあげられたのは、彼らがその舟を岸にけかえすにはもうおそいほどだったからである。かくてもはやすべてがすんだろうと思われるかもしれない。しかし提督はすでに将軍政府と条約関係にあった。日本人の何人《なんぴと》をも日本からの脱出に援助しないというのがその一項だった。それで吉田とその仲間とは下田当局に囚人として手渡された。その夜、野蛮人の秘密を探索すべかりし彼は、もし彼がとにかく眠れたとするならば、全身をよこたえるにはあまりにもせまく、直立するにはあまりにも低い一室に眠ったのである。その間には注釈するには大きすぎるほどの失望があった。」

6　幽囚の日々の読書

更に松陰は『回顧録』を書き、下田より江戸まで護送される時のことを記しているが、その中には当時非人と呼ばれた被差別部落民のことが記されており、「余生来の愉快、此の時に過ぐるはなし。因に云、三島にて××三四人出ず、皆年少気力ある者、余が話を聞きて大いに憤励の色あり、去るに臨みて甚だ恋恋たり。総《す》べて東国の××は撃剣を学び、剣客等と交はる、又数〻《しばしば》大盗と取結ぶものあり、其の気観るべし」という記事がある。これらの記事はのちの「討賊始末」などを思わせるところがあって興味をひく。要するに松陰には、後世見られるような人間差別の気持はなかったということである。私はこれにはやや不思議な感じがつきまとう。しかし松陰がまるで人間世界の事実、さまざまな思想・

学問にとらわれることなく、それどころか、彼の理論のもっとも純粋な形——つまり「国体論」にとらわれることもなく、ある別の世界への直観をもったことが感動をひかずにはいない、ということである。私が『回顧録』に感動を覚えるのはそのことであった。たとえばそこには次のように渋生〔金子重之助のこと〕の日記のことが記されている。

「〔下田にて〕嘉兵、日記〔金子の〕を見て咲《わらっ》て云、「豈《あ》に夷人に示さんと欲するか」。余乃ち色を正して曰く、「君未だ我れらの心事を了せざるか。我れ国の為に夷情を探索せんと欲す、何ぞ国事を彼に宣示することをなさん。此の日記を作る者は正に今日の事に供するのみ」と。嘉兵黙然たり。日記上に渋生自ら号を撰び書して曰く、「大日本無二游生」と。」

この「大日本無二游生」の語は感動をよぶが、これに因んで次のような江戸獄における印象も記されている。

「是より衆皆余が履歴を聞かんと欲す。余乃ち具《つぶ》さに是を語る。衆皆感激す。独り浮屠《ふと》日命、時に名主添役《そえやく》たり。傍より犄詰《ききつ》して云、「夷舶に上り、夷将の首を携へ来らば、死して光輝あり。汝が如きは、憐《あわれみ》を夷人に請ふ、鄙も亦甚だし」と。」

という記事も記されているが、要するにこの下田踏海の試みの挫折は、松陰にとってはむしろ楽しい経験を残した。「今我れ野山獄に居る。（略）江戸獄の愉快に如《し》かず」の語もある。なお師象山がこの件で逮捕され、「幕吏耳目なし、呶々《どど》すれば却て自ら損するのみ」といってついにその罪に服し、松代へ幽閉されたことが記されている。

それとともに、この期間の松陰がしばしば同囚の人々に対して熱弁をふるい、人々の感動をよびおこしているのが注目される。彼のそれまでの日記類を見ても、それまで無縁の大衆（囚人が多い）に対して自分の経歴と思想の歩みとを語ったという例はみられないようであるが、この踏海失敗ののちには俄かにその事が多くなる。それはある一つの機会にすぎなかったかもしれないが、しかしそれよりも彼の何か熱いあるもの——つまり本来的な人間の姿を熱望する能力のもたらしたものであろうと思う。彼が同志金子の悲惨な生涯を見送る眼ざしにも、のちに「討賊始末」に添書したのも、『講孟余話』を説いたのも、というよりも彼が実に率直な態度でその子弟たちを訓育したのも、その同じ精神のあらわれである。ともかくあとから見れば自然と教育者になる何ものかがしだいに発露し始めているのである。

松陰が国に護送され野山獄に入るのは安政元年十月二十四日であるが、この野山獄の生活は松陰の生涯におけるもっとも平穏な、また恵まれたものであった。彼は安政二年十二月十五日まで獄中にあり、その後およそ二年半を幽室にすごすという生活であるが、その後安政五年十二月再び野山獄に入り、その翌年五月、江戸に護送され、十月二十七日がその最後の日となるのである。そしてこれらおおよそ五年余の日々こそ、松陰の本質が何人の眼にも明らかに映ずる時であった。それは年二十五歳から三十歳までの日々である。

我々がまずおどろかされるのは、この野山獄において彼の読書の数の夥しさである。例えばその「野山獄読書記」（安政元年十月二十四日から安政四年十一月にいたるもの）というのがある。これは野山獄から杉家の「幽室」に移った時期のもので、その思想の円熟期・完成期とでもいうべきところといってよい。後にこの「読書記」は前原一誠に送られている。その書目をどのように評すべきか、私など到底できないようなものであるが、ともかくその範囲は広い。広いというのはその学問が必ずしも程朱《ていしゅ》にこだわらず、というよりも儒教にこだわらず、国学・雑学のいずれにも捉われていないという印象である。今これを、まず、「借本録」から安政三年、四年の部分を見るとすると、『古事記伝』『国号考』『鈴屋翁略年譜』『神皇正統記』『日本外史』があり、『春秋左氏伝』『国語』『韓非子全書』『名臣言行録』『太平御覧』などがある。また「野山獄読書記」という膨大な書きとめを頭から試みに記すと、『蒙求《もうぎゅう》』『延喜式』『史徴』『文選』『唐詩選掌故』『和漢合運』『日本輿地路程全図』『歴代州郡沿革地図』『坤輿《こんよ》図識』『海国図志』『令義解』『資治通鑑』『廸彝編《てきいへん》』『泰平年表』『七書正文』『唐宋八家文読本』『日本外史』『四書集註《しっちゅう》』『周易伝義』『三体詩』

『靖献遺言』などが眼につく。これらは安政元年に入獄した当時の借本録にすぎないが、翌年あたりに眼をやると、『日本外史』『北条五代記』『織田軍記』などがあり、『海国図志』『地学正宗』『韃靼《だったん》勝敗記』『魯西亜風土記』『西洋列国史略』『暎咭唎《イギリス》紀略』『北陲《ほくすい》日誌』『仏国歴象』『哈喇呼吐《からふと》略誌』などの外国事情に通ずるものがあり、更に『皇国史略論』『日本外史』『常陸帯』『弘道館記述義』『隣疝臆義《りんせんおくぎ》』『下学邇言《かがくじげん》』『東潜夫論《とうせんぷろん》』『柳子新論』『関城逸史』など、我国の歴史に関係深いものがある。それらとならんで前に記したように中国の古典があり、さらには『随園詩話』『放翁詩話』『杜詩偶評』『広瀬約言』『山陽詩鈔』『詩経集伝』『五山堂詩話』など『詩話』の類が注目される。そして中国の古典といっても、たとえば『陳龍川文集』『焚書』など、朱子学によらないものが目立ち、また我国のものでも『論語徴』『徂徠先生答問書』『集義和書』『翁問答』など、陽明学から徂徠学のものや『出定笑語』『古事記伝』『吉野拾遺』など、国学系統の書物のほか、『農業全書』『農稼業事』『農家益』などの農業関係書も見える。

それはもちろん旺盛な読書記録であるが、それが多かれ少なかれ同囚のものたちと、或は幽室において、いわゆる村塾の人々を交えて読みつがれていることが注目される。同囚の者には読書、書道、俳諧を以てし、自らは『論語』『孟子』を講じ、富永有隣は書道を教え、吉村善作は俳諧の選者となして大に獄風を改善したことは有名といっていいが、その後出獄してからはたとえば「丙辰日記」（八月二十二日）は「外叔久保翁、家大兄、佐々木兄弟、高須生、従弟縠甫会す」という記事に始まっているが、その幽居の日々もたえず新入門者を見ることができる。それらの人々の中には、いわゆる松下村塾の基礎を打建てたといわれる「三無生」――増野徳民、吉田栄太郎、松浦松洞らもいた。久坂玄瑞、高杉晋作などが入門するのは安政四年である。要するに松下村塾として後世有名になる村塾の成立は、多かれ少なかれ松陰の読書の質と範囲とに影響しているといえよう。もちろんそれは松陰自身の猛烈な求道心によってみちびかれているのはいうまでもない。ただここでは、その特殊なあらわれを見てみることにしたい。

7 死生観と晩年の思想

かつて中国の朱謙之は『日本的古学及陽明学』を論じ、その中で次のように書いたことがある。

「また幕末に陽明学がさかんだったころその代表であった吉田松陰らは中国の戊戌維新の志士に影響を与えた。譚嗣同などは身を以て松陰の行為を実践し、黄遵憲は、『人境廬詩草』にまた「近世愛国志士歌」があって、敬仰の念をあらわしている。」

ここに譚嗣同、黄遵憲があらわれるのはこの両者が同志であり、そのうち譚嗣同は戊戌政変の渦中において、松陰の最期に心ひかれ、袁世凱の手によって自ら死を選んでいるからであり、黄遵憲はその「近世愛国志士歌」の中において「丈夫四方志、胡死死檻車、倘遂七生願、祝君生支那」と歌っているからである。そして松陰にしてみれば、彼が熱烈に読んだ人物として、明末の李卓吾がある。彼の「李子焚書抄」「李子続蔵書抄」は安政元年の記録であるが、この李卓吾も中国においてまたある方面の魅力であった。この李卓吾にふれえたのは、おそくとも嘉永五年、陳龍川文を読んだのに始まり、また安政三年、安政四年、安政五年と李氏の文章に接しつづけていたが、本当に李氏に打込みえたのはその最後の年、安政六年一月であった。

「向の日蕭海〔土屋〕、李氏焚書を借し示す。卓吾居士は一世の奇男子にして、其の言往々僕の心に当り、反覆甚だ喜ぶ。その中に云へるあり、「今人竹を愛するか、竹固《もと》より今人を愛せず」と。又云、「家を出でて復《ま》た家を顧ふは、必ずしも家を出でざるなり」と。読み去りて独り笑ふ。僕已に獄に入り、猶は外事を言ふ。是れ家を出でて家を顧ふに非ずや。人方に吾が言を厭ふも、吾が言は止まず。是れ人竹を愛するも、竹人を厭ふに非ずや。然れども他人は則ち然り。老台は僕を知ること深く、僕を愛すること厚し、故に猶ほ呶々すること此くの如し。唯だ老台垂察せられよ。」（「士毅《しき》に与ふ」）

我国に李卓吾が伝えられたのは山鹿素行あたりであろうが（とくにその孫子評に対する欽慕）、陽明学者大塩中斎がやはりその手沢本を蔵し、そして松陰においてしきりに引用せられるにいたっている。要するに近代精神のめざめが李卓吾と結びつくのであるが、中国においても五四運動の前駆とされる呉虞の『呉虞文録』において、『明李卓吾別伝』がそれを称えており、また我国においても陸羯南、小柳《おやなぎ》司気太《しげた》、鈴木虎雄らがそれぞれ『卓吾伝』『李贄論《りしろん》』『李卓吾年譜』などを書いている。ともかくこの人物の与えた影響はただならぬものがあった。そして松陰はその書簡において一々に感動的な感想をのべている。

「頃《このご》ろ李卓吾の文を読む。面白き事沢山ある中に童心説甚だ妙。童心とは真心なり（吾輩此の心未だうさらず。足下の荘四をいぢめるのが即ち此の心なり）。仮人を以て仮言を言ひ（政府の諸公、世の中の忠義を唱ふる人は皆是れなり）、仮事を事とし、仮文を文とす。仮言を以て仮人を言へば、即ち仮人喜ぶ。仮事を以て仮人を道《い》へば、則ち仮人喜ぶ。（略）今の世事これなり。中に一人童心の者居れば、衆の悪《にく》むも尤もなこと。」（入江杉蔵宛書）

「吾れ曽て王陽明の伝習録を読み、頗る味あるを覚ゆ。頃ろ李氏焚書を得たるに、亦陽明派にして、言々心に当る。さきに日孜〔品川〕に借るに洗心洞劄記《せんしんどうさっき》を以てす。大塩も亦陽明派なり。取りて観るを可となす。然れども吾れ専ら陽明学のみを修むるにあらず。但だその学の真、往々吾が真と会ふのみ。」（入江杉蔵宛書）

「貴問に曰く、丈夫所可死如何、僕去冬以来死の一字大に発明あり。李氏焚書の功多し。甚其説永く候へ共、約して云ば死非可好、亦非可悪、道尽心安、便是死所、云々。」（高杉晋作宛書）

ここにいわれるように、安政五年冬以降、松陰の死生観をもっともよくとらえたのが李卓吾の所説であった。彼はまさに「吾れ甚だ知己なり」「反覆甚だ喜ぶ」「誰れか一読して吾れと同じく案を拍つて呉れるものはあるまいか」と書いたように、この人物の生死は文字どおり松陰自身の死生観と一致していた。彼はこの中国の故人と肝胆相照すというべき境地にあったのである。

しかし松陰の死生観といういわば哲学的課題はしばらくおいて、彼のおかれていた政治的環境をふりかえっておきたい。というのは彼の野山獄に投ぜられていらいの政治的状況というものが、その死生観のラジカリズムをも決定していると思われるからである。今『防長回天史』の記述をひくと、

「安政三年獄を出で、松本村に閑居し、『江山風月書楼記』を作るや、幕臣匡輔《きょうほ》の意を挟み、その『講孟劄記評語』の後に書するにまた慢《そぞろ》に幕府を軽蔑せざるの意を述ぶ。此

に由て之を観れば、その意列藩諸侯の幕府を保助して倶《とも》に王室に尽すあらんことを望むにすぎざるのみ。（略）長の忠正公また時変に注目し、深く国家の事に憂うる所あり。諸臣を督して国政を伸張せんとす。此時に至り松陰蓋《けだ》し大に感憤する所あり。藩政府の施設に慊焉《けんえん》たるものあり。遂に安政五年正月六日に至り『狂夫之言』を作りて大いに藩政の不可を論じ、人材登用の途を開き、かねて言論壅塞《ようそく》の弊を打破せんとし、その説頗る急激壮烈（略）啻《ただ》に一再のみに非ず、勢藩の有司と相容れず、失意の情を漏し慷慨の気を励し、憂世の言ついにその門下を動かし、俊秀奇傑の輩松下村塾に出て以て一時を聳動《しょうどう》するに至れり。久坂玄瑞、中谷正亮、高杉晋作、尾寺新之丞らのごとき、四方に周遊し慨世の言動あるもの、皆然らざるはなし。（略）既にして堀田〔正睦〕閣老の西上して条約の勅許を請ひ、ついで大詔の煥発あるや松陰感激殆んど措く所を知らず。而もこの時なお未だ遽に討幕の説を唱へず、なお前説を持し、覇政の下に天下を救済せんと欲し、この年五月、対策をあらはし、深く尊攘論者の軽挙を戒しむ。

既にして井伊直弼大老となり、幕府勅允をまたず日米条約の調印を専行し、物論沸騰形勢ようやく急なるに及び、松陰すなはち前説を一擲し、一躍以て討幕の説を唱ふ。これを七月草するところの議大義の書に見る。慷慨激越大に幕府の罪を鳴せり。然れども、末段に至てさらにその抱懐をのぶるところを見るに、毛利氏をして公武の間に周旋せしめ幕府を諫争し、万なすべからざるに至つて始めて天下諸侯と共に朝廷を助けてこれを討ぜんとするの意を言ふ。立論堂々、至誠肺腑に出ず。幾《いくばく》もなく井伊大老車駕を彦根に迎んとするの説巷間に伝はる。松陰慷慨、大義に殉ずるの念いよいよ禁ぜず、盛に排幕の議論を唱ふ。而してまた時事を憤るの余意、藩政府の措置に満たず、兵庫警衛に攘夷の主義と撞着することあらん、宜しくこれを辞任すべしと論ずるに至れり。此の如くにして松陰はついに激烈なる排幕論者となれり。」

要するに松陰の思想がついに幕府打倒に達したといっているのであるが、しかしそう断ずるには幾多の議論が必要であろう。この『防長回天史』もその点を考慮し、「松陰の対外思想ときに朦朧の観あるものこれがためなり」ともらしているが、松陰を尊皇・攘夷派の典型とみなすことはたしかにむずかしい問題である。なぜなら、彼には『講孟余話』というのが代表的大著としてあるからである。

『講孟余話』というのは松陰が安政二年よりその門下生・親族に『孟子』を講じ、安政三年六月に完成したものであり、それに対する書評、主として藩校明倫館主山県太華《やまがたたいか》の評文と自己の反論とを「評語反評」として付録としたものであるが、これとその年十一月二十三日の「又読七則」とを比べてみると、その間におけるある動揺というべきものがわかるようである。前者には我国の国体論というべきものが論ぜられており、後者にはその勤皇論というものが論ぜられている。

「道は天下公共の道にして所謂同なり。国体は一国の体にして所謂独なり。君臣父子夫婦長幼朋友、五者天下の同也。皇朝君臣の義、万国に卓越する如きは、一国の同也。(略)名を諱《い》みて羊棗《ようそう》を食はざるの義を以て是を推すに、国体の最も重きこと知るべし。云々。」

これは『孟子』三十六章にある「膾炙は同じくする所なり、羊棗は独りする所なり。名を諱みて姓を諱まず、姓は同じくする所なり、名は独りする所なり」とあるのに付せられたものであるが、そこにはさらに次のようにいわれている。

「水府の論の如く、漢土は実に日本と風気相近ければ、道も大いに同じ。但だ欧羅巴《ヨーロッパ》・米利堅《メリケン》・利未亜《リビア》諸洲に至りては、土地隔遠にて風気通ぜざる故にや、人倫の大道さへも其の義を失ふことあり。況や其の他の小道に於てをや。然れども彼れに在りては、亦自ら視て以て正道とす。彼れの道を改めて我が道に従はせ難きは、猶ほ吾れの万々彼れの道に従ふべからざるが如し。然るに強ひて天地間一理と云ふとも、実事に於て不通と云ふべし。独同の義を以て是れを推究すべし。」(『講孟余話』)

そしてそれが後になると、

「天朝を憂へ、因て遂に夷狄を憤る者あり。夷狄を憤り、因て遂に天朝を憂うる者あり。

余幼にして家学を奉じ兵法を講じ、夷狄は国患にして憤らざるべからざるを知り、爾後あまねく夷狄の横なる所以を考え国家の衰ふる所以を知り、遂に天朝の深憂一朝一夕の故に非ざるを知る。然れどもその孰《いず》れが本、孰れが末なるかは未だ自ら信ずる能はざりき。向に八月の間、一友に啓蒙され矍然《かくぜん》として始めて悟る。従前天朝を憂ひしは並に夷狄に憤をなして見を起せり。真に天朝を憂ふるに非ざりしなり。」(安政三年十一月二十三日「又読七則」)

ここに八月、一友に啓発されたというのは、その思想転換に大きく影響した僧黙霖《もくりん》と思われるが(和辻哲郎はこの黙霖との議論をとおして、松陰の思想に「転向」が生じたとかいている)、この頃から彼の論は、幕府を諫《いさ》めるという従来の線から、討幕の含みをもつものへと徐々に移動したといえるようである。そしてそれには当時の政治情勢が作用していた。

すでに『防長回天史』の部分で見たように、松陰がその幽居にもかかわらず敢て時事を論じ始めたのは安政五年二月の頃とみられるが、それは井伊直弼が大老なり、将軍継嗣が紀伊の慶福《よしとみ》(家茂)に決定し、日米仮条約が調印されるに至っていっそう激しいものとなった。『対策一道』『愚論』などが梁川星厳を通じ孝明天皇の眼に入り、七月には『議大義』が藩主に上せられた。この『議大義』は幕府違勅の事実をもととし、討幕の可能性を論じたものである。「……征夷と雖も二百年恩義の在る所、まさに再四忠告し、勅に遵はむことを勤勉すべし。かつ天朝未だ必ずしも軽々しく征夷を討滅したまはず、征夷翻然と悔悟すれば、決して前罪を追咎《ついきゅう》せざるなり。是れ吾れ天朝幕府の間に立ちて之が調停をなし、天朝をして寛洪に、而して幕府をして恭順に、邦内をして協和に、而して四夷をして摂伏せしむる所以の大意なり、云々」とあるのがそれであるが、そのころから長藩の藩政改革も緒についている。それとともにいわゆる戊午の密勅降下事件があり、それに応じて井伊直弼の弾圧が始まった。同年九月中には梅田雲浜、鵜飼吉左衛門、鵜飼幸吉、小林民部、三国大学、池内大学、頼三樹三郎、日下部伊三次《くさかべいそうじ》、橋本左内などが逮捕された。そして松陰の意見はいっそうラジカルなものに変じ、ついには周布《すふ》政之助ら藩政首脳との間に亀裂が生じるようにもなったのである。そうした傾向を助けたものに松陰とその門下生の水野土佐守暗殺計画、大原三位西下策、間部詮勝《まなべあきかつ》要撃策などがあった。藩政の首脳はすべてこれらを否とし、周布政之助、長井雅楽《うた》との間もつれ、ついに十一月二十九日には「学術不純にして人心を動揺」せしむとの理由で松陰を厳囚に付することにしたのである。そしてついに十二月五日、投獄されるに至り、その弟子もまた師の罪名如何ということで藩の要人に迫り、幽囚のうき目にあった。

　そしてさらにその後、いゆる伏見要駕策があった。しかしこれにはその義弟となった久坂玄端も、松浦松洞も意見は反対である。そのころ幕政・藩政の間に立って門弟中にも意見の分裂があり、到底松陰の考えのように至極単純にものごとははこばなかったのである。松陰がその門下生たちと一時義絶するのも同じ時期のことであるが、結局これらのことが松陰に深く刻まれたはずである。

安政六年五月、ついに松陰の東送の幕令が下った。彼が伝馬町の獄につながれたのは七月九日のことである。「平生之学問浅薄にして至誠天地を感格する事出来申さず、非常の変に立ち至り申候。嘸々御愁傷も遊ばさるべく拝察仕り候。親思ふこころにまさる親ごころけふの音づれ何ときくらん」と記したのはその十月二十日頃のことである。同二十六日、『留魂録』が記されている。それは刑死の前日のことであった。それはまず次のような和歌で始まっている。

身はたとひ武蔵の野辺に朽ぬとも留置かまし大和魂

そこには幕吏取調べの経過、獄中志士の動向（たとえば十月七日刑死した橋本左内など）が記されており、松陰の死に直面した痛烈な思いを託した知友門下生への遺言となっている。

そして二十七日朝、評定所で罪状の申渡しがあった。松陰が刑死したのはその日午前十一時前後であったといわれる。

維新前夜の男たち——坂本龍馬の場合

1

維新前夜の激動期を生きた志士たちのうち、一八二〇年代ないしそれ以前に生まれた人々は、ほとんどが維新前に亡くなっている。しかもいずれも暗殺・処刑・自刃という死に方をしているものが多い。佐久間象山、真木和泉、平野国臣、武市瑞山らがその例であるが、明治二年になって暗殺された横井小楠もこのグループに含めてよいであろう。この年代に生まれて、維新後にまで生き残ったものは、西郷隆盛くらいのものであった。

ところが、一八三〇年代（天保年間）に生まれた人々になると、生き残ったものと死んだものとがほぼ半々くらいになる。吉田松陰、橋本左内、高杉晋作、吉村寅太郎、中岡慎太郎、坂本龍馬らは後者のグループであるが、高杉を除いてすべて非命の死をとげている。前者のグループとしては大久保利通、木戸孝允、大隈重信、山県有朋、後藤象二郎、板垣退助らがある。いいかえれば、維新当時三十代になろうとしていたこの世代こそ、幕末期の歴史における必然と偶然のきわどい渦流の中で、もっとも激しくもみ抜かれ、選びわけられた男たちであったということになる。生き残った者もまた偶然に生きのびたという感慨をいだかざるをえなかったはずである。一八四〇年代以降の生まれになると、久坂玄瑞、藤田小四郎らを稀有の例外として、著名な志士のうち維新前に斃れたものは少なくなると見てよいであろう。伊藤博文以下の世代がそれに当たる。

こうして見ると、やはり私などの心をもっともつよくひきつけるのは、三〇年代に生まれた人々の中に多いということになりそうである。佐久間象山、真木和泉、横井小楠らが私たちをひきつけないというのではない。それはたとえば同じ世代に属する藤田東湖が私たちの興味をひかないわけではないのと同様である。維新変革の思想的源流ともいうべきものが多く彼らによって準備されたことは、あらためていうまでもないことである。少なくとも維新の思想史的前提を明らかにしようとするならば、これらの人々を無視することは絶対にできない。

しかし、そのことと、彼らに対する人間的共感の多少ということは自ら別の問題である。その思想や学問の雄大・独創ということに感動することはあっても、人間的に心のときめくような思いを誘うことはないという場合がある。前にあげた名前でいえば、私は小楠、和泉、瑞山、国臣、象山という順序で人間的な共感を覚える。しかし、それよりもはるかに私の心をひきつけるのは、やはり松陰や晋作であり、ここに述べる坂本龍馬である。なぜそういうことになるかは旨く説明できそうにないが、たとえば眼をつむってその人を思い浮かべるとき、その人の表情や言語、動作までがまざまざと浮かんでくるような気持がするというほどの意味で、私はそれらの人々に親しみをいだく。佐久間象山、藤田東湖となるとちょっとそういう具合いにはいかないところがある。

2

松陰や高杉のことは別として、坂本龍馬についていえば、私は前の大戦中にある思い出をもっている。それはあの暗い戦争期に、いかに生くべきか、そしていかに死すべきかを絶望的に追求していた少年期の終わりごろの記憶であるが、たまたま平尾道雄氏の『海援隊始末』を読んだことがある。そのとき、私は初めて従来の講談風の知識をこえて、龍馬の人間像というものに接触することになったのだが、その時の記憶をかんたんにいえば、私は何やら人間が自由に呼吸しうる世界がたしかにあるのだという印象を鮮かにうけたという記憶がある。私たちの前途はただ先細りにせばまり、その行きつくところは死でしかないという思いにとらえられていたところ、光と風にみちた自由な人間世界がどこかにあるという印象であった。少し大げさな言い方に聞こえるかもしれないが、そういうふうに感じたことを私はハッキリと覚えている。それはあまりに時代が暗かったせいであろうか。ともかく今は説明に困るほど、明るく爽やかな印象をうけたものであった。

しかし、龍馬の魅力の不思議さは、時代の明暗にかかわりなく、たえず多くの人々をとらえてきたところにある。平尾氏の前記の書物は昭和四年の刊行であるが、その緒言の中に「ある好事家の調査によるに、彼の伝記として単行本になったものは、すでに二十三種に及んでいる」ことが記されている。現在ではそれがどれくらいになっているか見当もつかないが、おそらくその死後一世紀を経ながら、なおいぜんとして研究者・好事家の範囲をこえて、一般的な人気をもっている人物としては、龍馬以外には多分松陰くらいではないかと思われる。しかもその共感は、決して単に通俗的な興味ではなく、人間の生き方としての魅力ということとたえず結びついているのである。(西郷隆盛の人気もながくつづいているが、松陰や龍馬に比べると、どこか狭いところがあるように思われる。)

しかし、龍馬のそうした魅力はいったいどこからくるのであろうか。しかもその魅力は決して単に日本人好みというべきものではなく、戦後はたとえばM・B・ジャンセンのような外国人研究者の眼をもひきつけている。ちょうどイギリスの詩人スティーヴンソンが東洋の一青年吉田松陰にひきつけられたのと同じように、わずか三十二歳で暗殺された龍馬にもまた、普遍的に人間の心をひきつけてやまぬ何かがあったのであろうか。すでにおびただしい伝記や小説、映画やテレビを通じてよく知られている龍馬の魅力を語るのはたいへんしんどいことだが、以下、私なりに私の龍馬像を語ってみることにしたい。

3

龍馬研究の根本史料として知られる『坂本龍馬関係文書』(日本史籍協会叢書)の巻頭に、維新史料編纂事務局において史料蒐集に当たった岩崎英重(雅号、鏡川)の緒言がのっているが、私ははじめてそれを読んだときたいへんおもしろいと思った。

そこでは、岩崎は、土佐出身の英傑を二つの類型にわけて論じている。すなわち、土佐はその地形からして山地が三分の二を占めているせいか、「山精の気」を享けた人物が多い、吉田東洋、武市瑞山、中岡慎太郎、板垣退助、谷干城《たてき》らはいずれもそうであり、「その孤峭卓立《こしょうたくりつ》、嵂崒《りつじゅう》嵯峨《さが》たるところにおいて自ら科を一にす」と述べている。これが普通土佐人といわれるタイプであるが、佐々木高行などはいくぶん趣がちがって、のちに見る「海洋型」に近いと言っている。そして「純粋の海洋型」というべきものは後藤象二郎と坂本龍馬の二人だけであり、その中でも龍馬のほうが純粋であるというのが鏡川の見方である。同じ海洋型でも、後藤のほうは「黄河の氾濫せるごとく、茫洋としてさらにまとまりがつかなかった」が、龍馬の天衣無縫には自ずと天然の方則がつらぬいていたというのである。ジャンセンの『坂本龍馬と明治維新』にも、おそらくこの鏡川の批評を半ば念頭においたものと思われるが、やはり龍馬を海洋型とし、中岡を「より一本気な山奥の男」と形容したところがある。

もとより、こうした比喩的な分類は格別理論的な意味をもつわけではないが、ジャンセンもいうように「まるで本書の主人公たちをいうために案出されたかとさえ思える」ことは否定しえないであろう。龍馬はその人柄からしても、またその経歴の実際からいっても、たしかに海洋の気分にみちた人間であった。その政治的な思想と行動をつらぬいているものは、いわば「海の原理」というべきものであったと私は思う。そして、幕末のおびただしい英傑の中においてみるとき、龍馬が（後藤も幾分そうだが）どこか型にはずれた人間であるという印象を与え、また、大政奉還という当時として破天荒な理念を提示しえたのも、すべてそのことと関係があるように思う。

ここで海洋型というのは、ベルグソンのいう「閉じた社会」と「開いた社会」の区別、ウイリアム・ジェームズのいう「硬い心」と「軟かい心」の分類のそれぞれ後者に当たるものと考えても大きなまちがいはないであろう。東洋風にいえば、「仁者は山を愛し、知者は水を愛す」ということばがあるが、ここでいう仁者は儒教倫理と名分論的思考の厳粛な信奉者を指すものとし、知者は、流動する大状況をいかなるイデオロギーにもとらわれることなく理解しうる者を指すとすれば、龍馬はその意味での知者であったということができる。そして、そういう意味での海洋型の思想をいだいた人間は、幕末の尊攘急進派はもとより、そのよりリアリスティクな転化形態としての倒幕派の中にも、ほとんど他に見出すことはできないのである。

　尊攘激派の思考が名分論的硬直性をおび、それ故に政治的有効性を発揮することなく挫折したことはよく知られている。それに対して、文久三年以降、しだいに展開する倒幕派の論理は、政治における権力関係のリアリズムをより的確にとらえることによって、武力倒幕の一点にあらゆる計算を集中するという戦略を身につけるに至った。権力政治という視点からするかぎり、薩・長を中心に成長したこの思想の進歩性は明らかであったが、龍馬の思考は実はもっと進んでいたというべきかもしれない。

　この点を詳しく論ずる余裕がないが、私の考えでは、龍馬はあらゆる権力関係――藩国、藩際、国家、国際の次元を含めて――を、なんらかの実体と結びつけるような閉じた思考からほとんど完全に自由であった。それは、少し飛躍的にいえば、ほとんどアナーキズムに近い権力概念であったとさえいえるものであった。

「山の論理」からすれば、一つの頂点をもった整然たる秩序＝倫理の体系が政治を支えることになるが、もともと宇宙の諸原素の流動によって変化する「海」には、なんらの「頂点」も「中心」も形態さえもない。倒幕派は幕府にかわる新しい権力体系を追求し、その手段として物理的暴力の必然性を信じた。それがまた薩長武力倒幕派のいいところでもあったが、彼らの論理が貫徹するならば、せいぜいそこから出てくるものは、幕府にかわる新しい実体的権力にほかならないはずである。そういう形の武力信仰と権力信仰とは、結局は何らかの「山岳型」（＝イデオロギー）の政治関係に結着する。龍馬には、そういう政治概念、国家概念が少しばかりおかしなものに見えたのではないかと私は想像する。この点、もう少し論証してみたい気持ちもあるが、それはまた別の機会にゆずるほかはない。

ともかく、彼はその盟友でもあった薩長の有能な指導者たちのことを、いくぶん困ったものと見ていたかもしれない。慶応二年一月における薩長連合の周旋ぶりをみても、龍馬の政治観と倒幕派のそれとの間には、かなりのくいちがいがあったように思われる。いわんや大政奉還の提唱にこめられた「海洋型」の政治思想が、少数者を除いて、当時のいかなる先見者にも容易にのみ下すことができなかったのは当然であった。

4

しかし、そうした議論をこえて、私たちを龍馬にひきつけるもっとも具体的な例は、たとえば次のような書信にもあらわれたその天衣無縫というか、天真爛漫な自然児の人間性であろう。これも龍馬を知る人々には周知の書簡であるが、なんど読んでもやはりおもしろいので、ここに引用しておくことにしたい。ただし、長文の上に、その前半は、いわば龍馬が手紙の宛先である姉乙女の気をひくための芝居がかりの導入部のようなものであるから省略するとして、彼が自分の愛人お龍を姉に売りこむその意気ごみというか、手くだのほどが私たちをおもしろがらせもするし、感動もさせるのである。

「右女ハまことにおもしろき女ニて月琴おひき申候今ハさまてふじゆうもせすくらし候此女私し故ありて十三のいもふと五歳になる男子引とりて今あつけおきすくい候又私のあよふき時すくい候事ともあり万一命あれハとふかシテつかハし候と存候此女乙大姉をしてしんのあねのよふニあいたがり候乙大姉の名諸国ニあらハれおり候龍馬よりつよいというひよふはんなり
○なにとぞおひかきものかひとつ此者ニ御つかハし被下度此者内々ねかいいて候此度の

願候よふじハ
乙さんニ頼候ほん
おやへニ頼みしほん
夫ニ乙さんのおひかきものかひとすぢ是非御送り今の女ニつかハし候今のの名ハ龍と
中私しニにており候早々たすねしニ生レし時父かつけし名のよし」

この手紙はなおつづくのだが、要するに姉の乙女にあててお龍の人柄をつたえ、帯か着物を贈ってやってほしいということを訴えているのだが、「この女乙女大姉をして真の姉のように会いたがり候」とか、「乙大姉の名諸国にあらわれおり候、龍馬より強いという評判なり」などというところを読んで笑いと親しみとを感じない人はないであろう。全体、俗語・方言まじりの多い龍馬の手紙のうち、とくにその赤裸な人間味を伝えて余すところがないのがその姉への手紙であるが、これらはそれ自体日本近代における書簡文学の傑作といってもよいものである。こうしたヒューマンな感覚をおびた手紙は、幕末の志士たちのうち、ややスタイルはちがっているが、ただ一人吉田松陰が書いているだけである。

すべてそうした自由さは龍馬の天性の一部でもあったろうが、やはり脱藩と海軍習練と勝海舟・大久保一翁らとの接触という諸条件によって養なわれたところが多いはずである。とくに海洋の自然の変幻自在に親しんだことが、龍馬をして勤王と佐幕、公武合体と倒幕、云々といったイデオロギーが結局取るに足りないことを覚らしめたかもしれない。有名な「舟中八策」の奇策がまさしく海上において練られたことはいかにも象徴的である。その思想から生まれた政治路線はいったん大政奉還という形で実を結ぶかに見えて、たちまち薩長の権力集中方式のためにくつがえされてしまった。

以後、後藤象二郎、板垣退助の力量によっては、ついに龍馬が抱懐した「海洋型」の国家理念を再生せしめることはできなかった。三宅雪嶺がその『同時代史』に言うように、王政復古以後に龍馬がもし生き残っていたならば、あるいは薩長による権力集中＝藩閥専制の路線は阻止されえたかもしれないと想像されるのである。

■西郷隆盛　一八二八〜七七

西郷隆盛の反動性と革命性

1

「維新における西郷の役割を余さず書くことは、維新史の全体を書くこととなるであろう。ある意味において、明治元年の日本の維新は西郷の維新であったといいうると思う。」

これはよく知られているように、内村鑑三がその西郷論（『代表的日本人』所収）において記した文章の一節である。内村はその西郷論のサブタイトルを「新日本の建設者」としているが、おそらく汗牛充棟もただならぬ西郷論のうち、もっとも熱烈純粋な讃美をささげたものが内村のこの文章であろう。そこに描かれている西郷は、あたかも「天」の啓示をうけた「聖人哲人」のごとき存在であり、ほとんど、「クロムウェル的の偉大」をそなえた霊感的な人物であった。そしてまた、「日本人のうちにて、もっとも幅広きもっとも進歩的なる人」でさえあった。

すべてそのような頌辞を、内村はその素朴雄渾な文章に綴っているのであるが、おそらくこのように単純明快な熱烈さをもって西郷を語ること自体、あたかも西郷のような人物が現在では見られなくなったのと同じように、今では失われてしまった一時代の精神の姿を記念することがらかもしれない。（これが書かれたのは明治二十七年のことである。）

しかし、西郷に対するこのような無条件の讃美ということは、おそらく現代の良識にとって、多大の抵抗感なしには到底認容しがたいことがらであろう。なぜならば、たとえば以下のような脈絡において西郷の歴史的な位置づけを行なうことは、ほとんど一種の通念となっているからである。

「征韓論争は日本歴史における一つの大きな山をなすものである。この論争による明治六年の政府の分裂、ひいては西郷、板垣、副島、江藤ら多数官吏の辞職に引きつづいて、士族の反抗は散発的ではあったが、またも激烈となった。かくて主戦派の敗退の直接の帰結としてその直後の二年間には武装叛乱がいくたびか組織された。かように征韓論は結局内乱と西郷の死と膨脹論者の一時的敗北に終ったが、しかし、この敗退にもかかわらず、外征の主張はその後永年のあいだ日本の極右反対派の採用するところとなった。西郷とその側近者の失敗から教訓を得た次代の膨脹論者、たとえば福岡玄洋社の創立者らは反抗の新たな技術を完成し、侵略宣伝を高度化し、ついに、西郷の死後二十年にして膨脹政策の目標を達成せしめることになった。」（E・H・ノーマン『日本における近代国家の成立』）

このような見解――すなわち、西郷がもっぱらその後の日本の大陸侵略思想をインスパイアした最大の源流であり、同時にまた右翼的ファナチシズムの模範でもあったとする見方は、一般に西欧の日本研究者にとっては自明のことがらのようである。たとえば、オクスフォードのリチャード・ストーリイ氏もまた次のように書いている。

「西郷の武力によるプロテストは、もちろん彼自身の見地からすれば、決して反乱というべきものではなかった。彼は天皇の意志に背こうとしたのではなかった。なぜなら天皇は君側の奸によってその聖明を蔽われているのだから、西郷はかれらを権力の座から一掃しようとしたにすぎない。こうした精神態度は、日本古来の起源をもつものであるが、あらゆる極右国家主義者に共有のものであり、おびただしいテロ行為を自ら正当化する理由を提供したものである。……西郷の反乱はある意味では日本の封建勢力の最後の抵抗であったが、しかしそれが極端なウルトラ・ナショナリズムの理念によってひきおこされたというかぎりでは、それは今もなお黒い影をはるかな未来にまでなげているのである。」（R. Storry, A History of Modern Japan）

すなわち、ここでは、おそらくは国学者の一派によっていだかれていた神国思想にもとづく膨脹主義と、封建的ファナチシズムとのもっとも純粋な結合形態が西郷隆盛であるとされており、したがってその影響力は、先のノーマン氏の引用にあるようなプロセスをたどって、日本の超国家主義にもっとも純粋強力な作用を及ぼしえたと考えられているのである。

こういう解釈にしたがうかぎり、西郷に対する生理的嫌悪感のごときものさえいだかれるとしても不思議はないかもしれない。ノーマン氏のような純正な歴史家が、西郷の中にある忌わしい原始的な要素——男色趣味をともなう未開性のごときものを感じとっていることも（幾分その後のファシストたちのイメージの溯及的投射という気味がなくもないが）それなりに理解しがたいことではないであろう。

ここでは、問題を浮き上がらせるために、西欧の歴史家の見解だけを引用したが、それが日本の近代史家たちの影響を多分にうけたものであることは、想像にかたくないはずである。日本の近代史家たちも、さすがにノーマン氏やストーリイ氏のように、西郷を直ちにファシスト的アウトローズの原型とみなすほど単純ではないにせよ、西郷をもって近代日本のコースを反動的に逆転せしめようとした人物とする点においては、おおむね一致しているとみてよいであろう。少なくとも、それ以外に、征韓論、西南戦争のシンボルとしての西郷を統一的に理解する視座はありえないとするのが一般かもしれない。
西郷に対する歴史家の冷淡さには、上述のようなファシスト的大陸侵略派の源流というイメージのほかに、もう一つの根拠がある。それは、かんたんにいえば、彼が大久保利通や木戸孝允、伊藤博文や山県有朋に比べて、近代日本の造成にほとんどなんらの貢献も果たしていないではないかという評価である。なるほど、倒幕の軍事行動において西郷はかなりの役割を果たした。しかし、それさえも大村益次郎の指導力に比べればいくらか曖昧であるし、とくにその政治的能力にいたっては、ほとんど問題にもならないという見解がそれである。この場合には、西郷は反動と侵略のシンボルとしてではなく、まさに近代的な思考力と知識の欠乏という点から軽んじられるのである。そしてそのことは、その当時の同僚たちもまた、折にふれて言及したところであった。
「……今日、西郷、桐野、篠原ら、官位褫奪《ちだつ》の御沙汰あり、余人はともあれ、西郷は十二年前の知人にて、爾後同氏の国家に尽せしもの少からず。忠実寡欲、ことにのぞみて果断あり、ただ短なるものは当時の形勢に暗く、大体を見る能わずして疑惑その間に生じ、一朝の奮怒を以てその身を亡ぼし、その名を損う。実に歎惜にたえず、人世の大遺憾なり、云々」（『木戸孝允日記』）
「……余らはここにいたりて頗る西郷を疑えり。彼はよし維新の元勲として威権赫々と世人の瞻仰《せんぎょう》を受くるに至り、余らもまた尊敬しつつありといえども、その政治上の能力は果して充分なりや否やという点につきては、頗るこれを疑えり。不幸にもその疑念は一転して失望となれり。失望はさらに一転して苦心と変じたり。云々」(『大隈伯昔日譚』)

この後者の批評は、岩倉使節団の外遊中、留守内閣をあずかった西郷の政治的無能を述べたものであるが、おそらくこれは西郷の実務能力について、もっとも忌憚のない批評を下したものであろう。後年になっても大隈は「西郷も骨を故山に埋めてすでに三十年、とうとう歴史上の大英雄、大豪傑となってしまった。あえて誹謗するのではないが、わが輩は決してそうは思わんのである」(『大隈伯百話』)となかなか辛辣であるが、その大隈もまた、西郷の純情と忠誠心だけはこれを認めているのである。

要するに、木戸によれば西郷は大局の情勢を洞察するには余りに封建的な地方主義に偏局しており、大隈によれば近代的な政治・行政上の実務能力をまったく欠いていた。そして保守的な旧武士と階級によって、わけもなく鑽仰《さんぎょう》されるだけの厄介な存在であった。すなわち、内村鑑三ならばそこに天資の魂の素朴さと純真さとを見たであろうところに、当時の俊秀な政府官僚たちは、たんに無能さを見ただけであった。いいかえれば西郷は、近代国家とは何か、その操縦法はいかなるものかについてなんらの理解をもたなかったし、一般に当時の政治指導の主流をなしていた「文明開化」の必要に対して音痴であるとみなされたわけである。功績主義の見地からすれば、西郷は無意味・有害な西南戦争をしでかしただけであり、せいぜい維新変革の当然に予定しなければならない近代化のコースを阻止しようとした純情な夢想家だったということになる。

2

西南戦争についての一般の歴史的評価はここでくりかえさない。要するにそれは維新後における封建反動の極北を意味する大動乱であり、その終熄によって、初めて一切の封建復帰の可能性がその根を断たれたものとされている。

　このような解釈について、私は特別な異議を申し立てようとは思わない。後述のように北一輝でさえ、それと同じ意味をこの内乱に認めている。遠山茂樹氏によれば、ここにおいて「明治維新の主体勢力であった倒幕派の政治的生命が終末」し、明治の「絶対主義」が不動の基礎の上に打ち立てられたことになるし、また井上清氏によれば、この乱における西郷の立場は、以下のように要約されることになる。

「西郷隆盛個人は、反動ではなく、ブルジョア的改革の必要もよく承知していた。しかし彼は、多年生死をともにし、その力に頼って幕府を倒した士族大衆を、いまになって見すてることは絶対にできなかった。彼は叛乱が成功するとは思っていなかったであろう。しかもあえて、じぶんの生命を彼をしたう士族大衆にあたえたのである。大西郷の徳望と薩摩士族の勇猛を以てしても、歴史の進歩にさからうものは、ほろび去るほかなかった。」(『日本の歴史』中)

遠山氏のような見方が多分もっともオーソドックスな見解であり、西郷はそのまま倒幕派士族大衆の封建反動を象徴する人物と等置されることになる。井上氏の見解は士族大衆の封建反動という歴史的カテゴリイと、西郷個人とを切りはなしているところに微妙な含みが見られるが、その西郷個人についての見解がまだ井上氏からは述べられていないために、事情がやや曖昧である。率直に私の感想を述べるならば、歴史学者としての井上氏の立場からすれば、西南戦争は到底「歴史の進歩にさからう」反動以外のものではありえず、そのシンボルとしての西郷もまた、歴史的人間として見るかぎり、たんに亡び去るにふさわしい過去の人物というほかはないはずであった。にもかかわらず、井上氏は、人間としての西郷に(ちょうどノーマンの嫌悪感とは逆に)、なんらかの愛着を禁じえないのではないだろうか。もしそうであるとすれば、私はいっそう井上氏の西郷論を聞きたいものと思う。

それはともあれ、私の個人的な記憶をたどって見ると、西南戦争のイメージが私の中で大きく変った契機は、やはり遠山氏の『明治維新』によってであった。つまり、それまでこの内乱のイメージは、錦画風の英雄挫折物語としてしか私の中にはなかったのだが、それがはじめて学問的な照明の下に浮び上がってきたという意味である。

しかし、それだけではない。私がとくに遠山氏の著をあげたのは、実はその歴史分析の講座派的なみごとさに感心したというよりも、その西南戦争の記述の中に、私を呆然とさせるような小さなエピソードが挿まれていたからである。そしてそれが私の中の西南戦争のイメージときりはなせないものとなっているということがある。同書三三頁に次のような箇所がある――

「『此時に当り、反するも誅せらる。反せざるも誅せらる』との窮地に追い込まれた西郷は、ついに二月、逸る部下に擁されて挙兵した。西郷起つの報は、自由民権派に大きなショックを与えた。熊本民権派は、ルソーの民約論を泣き読みつつ、剣を取って薩軍に投じた。」（傍点、引用者）

この傍点部分は今もなお私を考えさせる。もちろん、西南戦争に流入したエネルギーの多様さと雑多さということを私もまた知らないわけではない。にもかかわらず、この内乱がルソーの名と結びつく意味をもったということは、いくらそこから非本質的な要素をとりのぞいたとしても、やはり私には刺激的なことがらであった。

(註1)遠山氏はこの箇所に次のような註を付している。

「評論新聞の記者となり、愛国社設立にも参加した宮崎八郎の『読民約論』と題する詩。『天下朦朧皆夢魂、危言独欲貫乾坤、誰知凄月悲風底、泣読盧騒《るそう》民約論』(杉田鶉山翁伝記編纂会編『杉田鶉山翁』)」

(註2)このルソーを読みながら西郷軍に投じたという宮崎八郎が、民蔵・寅蔵(滔天《とうてん》)らの長兄であることはよく知られている。「八郎、状貌魁偉《かいい》、軀幹長大、気骨稜々《りょうりょう》として覇気湧くがごとし。しかも親に仕えて至孝、陣中暇あるごとに必ず書を裁して父母の安否を問う、云々」とは『西南記伝』の記すところであるが、同書には、八郎と民約論との因縁について、次のように述べられている。

「八郎、台湾の役より帰るや、県令安岡良亮に説き、その補助を得て植木学校を創立し、自ら有馬源内とともにその学務委員となる。当時学校の課目は、自由之理、万国公法、及び漢籍等なりしが、たまたま八郎、東京に出で、中江兆民訳盧騒の民約論を齎して還るに及び、校内自由民権の論、勃焉として起り、民約論は、植木学校唯一の経典たるが如き観あり、云々」

宮崎八郎の思想と経歴については、荒木精之《せいし》氏の評伝『宮崎八郎』、この評伝を連載した『祖国』の宮崎兄弟特集号（昭和二十九年五月号）などのほか、私は知るところが少ないが、ここでは宮崎八郎その人のことが問題ではない。先にも言ったように、一般に最後の封建反動とされる西南戦争が、その参加者のあるものにおいては、ルソーの名において戦われたということをどう考えるかというのが私の問題である。この事実を、事実として例外的な些事にすぎない、もしくは単純なナンセンスにすぎないとして無視するならば話はかんたんである。事実、当時の青年たちが、ミルにしろ、スペンサーにしろ、どんなに自己流に読んでいたかは知れたものではないと疑うとしても、そこには、幾分の理由がなくもないからである。しかし、もしそうでなかったとしたらどうなるか？　宮崎八郎に限らず、民権派の青年で西南戦争に参加したものたちこそ、ルソーを正当に読んだのだとしたならどういうことになるか？

ここで、すぐに思い浮ぶのは、そのルソーの紹介者であり、宮崎とも知友であった中江兆民が西郷をどう見ていたのか、西南戦争をどう考えていたのかということであろう。これもすでによく知られていることがらであるが、兆民の弟子幸徳秋水は次のように記している。

「先生が平生いかに革命家たる資質を有せしかは、左の一話を以て知るべし。先生仏国より帰りて幾《いくば》くもなく、著すところの策論一篇を袖にし、故勝海舟翁に依り、島津久光公に謁せんことを求む。（略）先生拝伏して曰く、嚮日《きょうじつ》献ずるところの鄙著《ひちょ》清覧《せいらん》を賜えりや否や。公曰く、一閲を経たり。先生曰く、鄙見《ひけん》幸に採択せらるるを得ば幸甚なり。公曰く、足下の論甚だ佳《よ》し、只だこれを実行するの難きのみと。先生乃《すなわ》ち進んで曰く、何の難きことかこれあらん、公宜しく西郷を召して上京せしめ、近衛の軍を奪うて直ちに太政官を囲ましめよ、こと一挙に成らん、今や陸軍中乱を思うもの多し、西郷にして来る、響の応ずるが如くならんと、云々」（『兆民先生』）

秋水は「先生の過激の策を好む、概ねこの類なり」と評しているが、これはまさしく当の西郷さえあえてしなかったろうほどのとんでもない過激策にほかならなかった。木戸や大隈に聞かせたなら、兆民の実政治と情勢を知らざる、西郷以上と評したかもしれない。

それはともあれ、兆民が西郷を敬愛し、「もし西郷南洲翁をしてあらしめば、想うにわれをしてその材を伸ぶるをえせしめしならん、而して今や則ち亡しと。語ここに到ればつねに感慨にたえざる者のごとく」であったことも、秋水の伝えるところである。

もっとも、前記宮崎八郎に関連して、やや趣を異にするもう一つのエピソードが兆民の西南戦争観について伝えられている。

「当時、宮崎の友人中江篤介《とくすけ》、東京より馳せ来りて宮崎に面していう、西郷隆盛は自由民権主義にあらず、這般《しゃはん》のこと、恐らく縁の下の力もちにすぎざるがごとし。君、請う、これを一考せよと。宮崎の曰く、西郷に天下取らせてまた謀反するも快ならずや。しかしこんどはとにかくやりそこのうた、君は早く東京へ帰るべしと、強いて中江を去らしめたりと。彼は当時すでに薩人の騒ぎ無智にして教うべからざるを見、心ひそかにことを共にしたるを悔いいたりという。」（『熊本評論』明治四十一年一月二十日号）

この挿話は、宮崎滔天編「熊本協同隊」という連載の中に見えているものであるが、これが文字どおり両者の対話を写したものであるか、それとも、当時の社会主義者の眼を通して微妙な変形をこうむったものであるかは、私にはわからない。兆民は宮崎の材幹《さいかん》を惜しんで、その死地に入るのを阻止するためにそう言ったのかもしれないし、あるいは事実当面の西郷の政治戦略を不可とみなしていたのかもしれない。しかし、いずれにせよ、秋水の伝えた兆民の本領が、それによって損われるということもないであろう。

明治二十四年四月、西郷が生きていて近日ロシアから帰国するといううわさがあったころ、兆民は「凡派の豪傑非凡派の豪傑」という一文を草しているが、これも表面大久保利通論のよそおいの下に、やはり西郷とともに失われた日本の別の可能性を追憶するという逆説とペーソスにあふれた一文であった。そこには、「凡派の豪傑」を代表する大久保利通とその亜流たちによって形成された明治国家への切実な失望感さえもがただよっていたのである。

ルソーに関連していえば、ヨーロッパの学界に「ルソー問題」といわれるものがある。そして「人はアリストテレスを、スピノザを、モンテスキューを研究し討議することはできる。しかし、ルソーは好くか、憎むか、二つに一つである」などといわれる。ことがらはやや権衡を失うかもしれないが、西郷についてもまた同じことがいえるかもしれない。讃美者と嫌悪者の断絶はかなりはなはだしい。そしてこの二人は、いずれもどこか近代的文明主義と肌合いをことにする夢想家であるところが似ている。西郷がファシストの源流とされ、ルソーがまたジャコバン・テロリズムの、もしくは後世のトタリタリアニズムの始祖とされるのなども、どこか類似性をおびている。ともあれ、いずれもがある無私の、極端主義の源泉とみなされているわけであり、そこに今なお私たちを刺激してやまない危険な魅力がひそんでいることはたしかであろう。

3

西郷が西南戦争を戦ったのは果たしてどういう判断にもとづくのかという問題は、それ自体いくつもの臆説をともなって論じられるところであるが、端的にいってしまえば、それは内村が書いているように「明治維新は、彼の理想とかくも相反した結果を生んだからである」というにつきると思われる。事実、維新政府が徳川家との内戦を終り、廃藩の措置を完了した前後から、その革命性がしだいに後退していったことは、多くの人々によって指摘されたところである。すなわち「明治維新の改革の急潮が四年五年と年をふるに随《したが》って漸《ようや》く緩慢になった……」（田岡嶺雲）とか、「維新後わずか五六年にして人心早くも惰気を生じ、ことに国家の干城と称さるる軍人さえすでに腐敗するもの少なからずして……」（板垣退助）とか、「惜しい哉明治四五年の交に及んで、不幸にして天下の小康に遇い、台閣《たいかく》の先輩漸く自から制するの念を生じ、族治の次序ここにおいてその平正を失し、朝廷紀綱始めて乱る」（小野梓）といわれるような事態があらわれていた。西郷は、直観的に、維新革命の停頓をそこに見たはずである。「今となりては、戊辰の義戦もひとえに私を営みたる姿になり行き、天下に対し戦死者に対して面目なきぞとて、しきりに涙を催されける」という『西郷南洲翁遺訓』の挿話は、正確に西郷の心境を伝えていると私は思う。

しかしそれなら西郷が維新にいかなる夢を託していたかといえば、直接にはわかりにくいところが多い。ただもし幾分の飛躍をおそれずにいえば、西郷はそこにもっとより徹底した革命を、もっとより多くの自由と平等と文明をさえ夢想していたかもしれないのである。

『現代の理論』(一九六八年一月号)にのっている司馬遼太郎・萩原延寿両氏の対談の中で、萩原氏は「〝明治維新はこれじゃない〟という西郷をどういうふうに考えるかという問題ですね、いわばデモクラットの先駆だという形で西郷を見ることもまったく不可能ではないわけです。それから、パーマネント・レヴォリューションという形の、一種のアナーキズムと見ることも可能だろうし、云々」と語っているが、たしかに西郷を一種独特のラジカル・デモクラットと考えることは不可能ではないはずである。逆にいえば、大久保→伊藤の路線が日本にとってもっとも好ましい国家と人間関係を造出したかといえば、無条件に然りといいえないのとちょうど表裏して、西郷の一見空漠たる東洋的な道徳国家のヴィジョンの中には、ありうべきもう一つの日本のコースが考えられるはずであった。(というえば、西郷は要するにミリタリストではなかったのかという疑問が直ちに提出されるであろうが、そのことについては、すでに福沢諭吉が「丁丑公論《ていちゅうこうろん》」で委細をつくした反論を行なっている。)

しかし、ここではそういうところにまで問題をひろげることをさけ、西郷に関連しても う一人だけ忘れることのできない人物のことを考えておきたい。この人物もまた、大久保や伊藤によって創出された明治国家に対して、きわめてラジカルな形で対決を試みた人物であるが、その思想形成の中には、やはり西郷や西南戦争がある深い影響を及ぼしているからである。ここでいうのは北一輝のことである。

北一輝の思想形成に大きな影響を与えた歴史上の事件の一つが明治維新であったことは改めていうまでもない。彼の三つの著作のいずれにおいても、明治革命は不断の引照基準であり、その国家改造の根本原理もまた「明治維新の精神を明かに」するというものであった。そして、そのさい西南戦争は、しばしば北によって維新革命につづく「第二革命」の名で呼ばれているものであった。

すべてそれらのことはよく知られているところであるが、ここで注目しておきたいことは、北の解釈にあらわれる西南戦争＝西郷隆盛のイメージがある矛盾と分裂を含んでいるということである。そしてその矛盾の中に、北の思想の一定の特性もまた暗示されているということである。

「〔維新の元老たちが〕維新革命の心的体現者大西郷を群がり殺して以来、則ち明治十年以後の日本は、いささかも革命の建設ではなく、復辟《ふくへき》の背進的逆転である。現代日本のどこに維新革命の魂と制度とを見ることができるか。」（『支那革命外史』序）

これが北の維新と西南役とについての一つの断案である。西郷はここでは革命の形骸化に抵抗する「第二革命」の指導者として見られている。そして、その挫折によって、明治十年以降、反革命権力の固定化が開始されたと考えられている。北流にいえば、それ以降の日本は「朽根に腐木を接いだ東西混淆の中世的国家」に転落したのである。

しかし、北の西南役についての解釈にはもう一つの側面がある。たとえば——

「ロベスピールは多恨多涙の士。死刑を宣言する能わずとして判官を辞せしほどの愛を持てり。しかも国民の自由が内乱外寇に包囲さるるに至るや、巴里の断頭台に送るもの一万八千人、さらに全国にわたりて死刑すべき者七十万人を予算せし夜叉王に一変せり……明治大皇帝の仏心天の如きはこれを言うの要なし。しかも国家の統一のためには最高の功臣大西郷が過ちて錦旗に放ちし一羽翦を仮借せざりしほどの利剣を持てる弥陀如来なりき。」（『支那革命外史』十六「東洋的共和政とは何ぞや」）

表現は例によって北独特の修辞をともなっているが、要するに明治政府の西郷鎮圧を肯定しているのである。もっともその場合、北は「明治大皇帝の専制的施設」を讃美したのであって（革命は専制的指導をともなうというのは北の政治哲学でもあった）、いわゆる藩閥的有司専制を認めたわけではないのであろうが、結果としては同じことである。西南役の鎮圧を容認する辞句は随所に散見される。

「明治大皇帝は征韓論の名に藉《か》れる第二革命の大臣将軍を一括して薩南に鎮圧したる強大新鋭なる統一者なりき。」（同書、十五「君主政と共和政の本義」）

「日本の弥陀如来（＝明治天皇）は折伏《しゃくぶく》の剣を揮って十年間にほとんど百回に近き大小の兵変暴動を弾圧し、終《つい》に西南役において、全国の帯刀的遺類を一掃したり。」（同書、十六）

そしてなかんずく――

「山県公らの歴史的価値は東洋のカルノーとしてなり。全国の武士階級が指笑する百姓兵を指揮して、偉大なる西郷に指揮されたる亡国的軍隊を打破し、以て国民自身の自由的覚醒による国家的信念を全国皆兵の現時に拡張せしめたることに存す。従て大西郷の征韓論を後年の理想に抑止したる天意は、亡国階級を率いては外戦しうべからずということに在り。」（同書、十七「武断的統一と日英戦争」）

これらはいずれも西郷軍の反動性とその「亡国的」性格を洞察し、明治政府の国家統一手段を明らかに肯定した文章である。いいかえれば、北は西南戦争が亡ぶべきものたちの最後の蹶起《けっき》にすぎなかったと一面では認めながら、他面では、西郷の死によって、維新革命の革命性もまた亡び去ったと見なしているわけである。

この矛盾をとりあげて、北の思想そのものの反革命性を立証しようとしたのが故服部之総氏である。たとえば――

「それにしても、本論における維新反革命の英雄大西郷が、五年後の新『諸公』にあてられた序文のなかで突変して『維新革命の心的体現者大西郷』となる秘密は、ついに北学からこれを教わることは不可能に終る。」(「北一輝の維新史観」)

服部氏のいうのは、大正五年に書かれた『支那革命外史』の本文においては、先の引用に見られるように、北はむしろすぐれて近代主義的な革命理論の立場に拠っていた。山県をもってカルノーに比べ、徴兵制による新軍隊を民主主義的な国民軍に比定するほどに北の革命史観はモダーンであり、その点において(服部氏の理論的敵対者である)「労農派理論家の仕方とまさに対応している」ほどであった。にもかかわらず、大正十年に書かれた序文においては、服部氏にいわせればまったく没論理的に「山県はカルノーの栄誉からすべりおち、権助ベク内から成り上った成金大名の輩にすぎなくなり、……そもそも明治十年、大西郷を殺し去った日から、かれ山県は復辟の背進的反動であり、伊藤は朽根に腐木を接ぐ東西混淆の中世的国家の設計技師だったのであり、伊藤・山県の輩が維新革命の奈翁皇帝の内容を充塞した日から、中世的国家としての現代日本の汚辱がはじまるとするのである!」

服部氏はこうした逆転の突然変異を了解しがたいものとし、まことに「かれ(=北)にとって革命とは所詮順逆不二の法門、不立文字であった」とやゆしているのだが、私はそのようなやゆだけでは明治維新の問題も、西南戦争や西郷の問題も、また個別的には北一輝の思想についても、十分な解答は与えられないだろうと考えている。しかし、今は紙数もなく、北一輝の思想解釈についての試論はもとより、私がここで提示しようとした「西郷問題」そのものについても、十分な展望を与えるだけの余裕がないので、機会を改めてこの同じ問題をもっと深く考えてみることにするほかはない。

明治的マキャベリスト――後藤象二郎

さまざまの後藤評

後藤象二郎という人物は毀誉褒貶相半ばして評価の定まらないところがある。彼が明治維新史と前期明治政治史上の大立者であったことはたしかであるが、その政治家としての輪郭を政治史の中にハッキリ定着させようとすると必ずしもうまく行かない。その政治理念なり、理想なりがどういうものであったか、そのひきおこしたさまざまな政治的事件にさいして、後藤の政治的態度決定を促した内部的志向が何であったのか、明らかに測定できないところがあるからである。後藤のことを、明治政治史上最大のオポチュニストとよぶのはいつのころからか常識のようになっているが、それも後藤の輪郭がよくつかめないことと関連しているといえよう。しかし、かりに彼をオポチュニストとしたところで、たとえばジョゼフ・フーシェのような凄みをおびた人間的魅力が感じられるというのでもない。オポチュニストとしても、どこか曖昧で茫洋とした感じがあるからである。

こうした後藤のとらえがたさについて、『伯爵後藤象二郎』の著者大町桂月は面白い表現を用いている。後藤は動物にたとえると象のように巨大であるが、ただそれは「現世界の象にあらずして、断片時に地下より出ずる前世界の大象なり」というのがそれである。どこか現代的な規準では測りがたいところがあるという意味であろうが、それと同じ印象を述べた同時代の人々は決して少なくない。陸奥宗光の評言に「試みに彼と語りて瞑目せんか、彼は明治世界の産物にあらずして、ほとんど晋末の六朝か、唐末の五代に成功すべき怪傑が、偶然その形を我国に現出したるにあらざるかを思い至るべし」というのがあり、勝海舟もまた「後藤は日本に太過ぐる人なり、日本の小天地、ついに彼が驥足《きそく》を伸ばすに足らず」と評している。『坂本龍馬関係文書』の編纂者岩崎鏡川は後藤と坂本龍馬の二人を土佐出身の他の英雄豪傑と区別し、吉田東洋、武市半平太、中岡慎太郎、板垣退助らがいずれも「山精の気」をうけた俊傑であるのに対し、この二人だけはむしろ「海洋型の英雄」というべきであろうと述べているが、これもまた後藤のようなタイプの政治家が日本には例外的であるという判断を含んだものといえよう。陸奥宗光は「後藤には外国の帝王のような風姿度量があった」とも言っているが、これもその趣旨においては同じことを指していると見てよい。

こうした茫洋型の人物ということになると人はすぐ西郷隆盛のことを連想するであろうが、この二人を比較論評したものには、中岡慎太郎とアーネスト・サトウがいる。サトウの方は「後藤は、それまでに会った日本人の中で最も物わかりのよい人物の一人であったので、大いにハリー卿の気に入った。そして、私の見るところでは、ただ西郷だけが人物の点で一枚後藤にまさっていたと思う」と述べているだけであるが、中岡の比較は一種独特のものであった。

「今日天下の人物、その力量に於ては西郷と後藤との右に出ずる者なし。西郷は自ら日に十五里を歩むといえば、即ち十五里は間違なし。後藤は自ら二十里を歩むと言うも、実際は十六里くらいにすぎず。後藤の言にかけね多しとするも、とにかく、西郷に比して、一里だけは多く歩みうる者なり。」（『伯爵後藤象二郎』）

中岡は人物鑑定眼においても非凡な人物であったように思われるが、これは大政奉還建白当時の評言である。これもたんに奇抜という以上に、よく両者の一面を抉ったものといえよう。西郷がその誠実さにおいて偉大であったとするならば、後藤はその機略・権略においてまさっていたということになるが、それればかりでなく「二十里といって十六里を歩む」という話は、後藤の全生涯にそのままあてはまるようなところがある。先に引いた岩崎鏡川は、後藤は偉大というよりは「むしろ尨大に近い」と言い、以下のようにそのことをふえんしている。

「後藤伯の大はどうも黄河の氾濫せるごとく、茫洋としてさらにまとまりがつかなかった。イクラカ行当りバッタリの気味が見える。かの坂本先生（龍馬のこと）死後の対薩長の運動といい、高島炭坑の始末といい、征韓論から明治十年にかけての進退といい、大同団結の仕事といい、多くそれではあるまいか、云々」

ここでは、後藤の生涯における重要事件をあげ、そのいずれも雲をつかむような結末を見たことを述べているわけであるが、そうしたとりとめのなさにもかかわらず、後藤はつねに「二十里」を揚言し、そのことによって人を眩惑したばかりか、たしかにそれほどでなくとも、何か偉大な事業を達成しそうな感じを世人に与えつづけたとはいえそうである。後藤の死後、その竹馬の友でもあった板垣退助は、その追悼演説の中で、以下のように述べている。

「総じて後藤君は創業の技倆あり、或は守成の事としては足らざるところあるが、君が大事を断じて能《よ》く行うの技倆は、決して凡俗の及ぶところではないと思います。また後藤君の人となりは、自ら過去の功績を忘れ、またよく人の旧悪を忘れたのが、これ即ち君が創業の技倆ある特色であります。またかの航海通商、その他すべて新事業に後藤君が先鞭をつけしものは沢山であります。（略）

尋常老人は未だ棺を蓋《おお》わざる前に於て、すでに論の定まるものでありますが、後藤君は今日ここに棺を蓋うまでは、何をする人か測られん人でありました、云々」

後藤自身のエピソードとして「維新前後の経歴を問う者あれば、伯、即ち頭を掉《ふ》りて曰く、いやいやそのことはすでに陳腐なり、象二郎の経歴はこれからなり」というのが常であったといわれ、また「日本にて仕事なければ、米国に赴き、大統領となりて一仕事をすべし」とよく人に語ったともいわれる。いずれもその「尨大」さを示すような逸話であるが、あまりとりとめのある話でないこともたしかであろう。こうして、大町桂月の後藤伝の結尾もまた、次のように曖昧茫洋たるものとなったのかもしれない。

「嗚呼《ああ》、伯が六十年の生涯は、花々しくもまた壮《さか》んなりしかな。江戸時代三百年間に涵《かん》養薀蓄《よううんちく》したりしところ、武に発して西郷の大あり、文に発して伯の大あり。今後、その大をこの二雄に比すべきもの、また出ずべしや否や。世人伯を目するに或は怪傑を以てし、或は姦雄を以てせり。されど伯の一生を見るに、怪の分子なきにあらざれども、怪よりはむしろ同音の快の分子多からずや。（略）伯の無邪気にして、開放的にして、瑕《か》瑜掩《ゆおお》わず、天真流露せるは、小児のままにて偉大となれるものにあらずや。小児は玩具を散らすを好みて、収拾するを知らざるがその一般の天性なるが、伯一生の事業もこれに似たるものにあらずや、板垣を山とすれば、伯は水なり。而して伯は富士、天龍、酒《さか》匂《わ》、馬入《ばにゅう》のごとき急流浅瀬の川に非ずして、汪洋としてその大を極めて、大魚を棲まし、大舶を通ぜしむべき大利根なり。川は時々氾濫す。氾濫すれば必ず害あり。されどナイルにありては、氾濫かえって土地を肥やす。伯の行動は縄墨《じょうぼく》を以て律すべからず。川とすれば氾濫もする川なり。しかも余は伯に対して、ナイルの氾濫を連想せざるをえざるものあり。水や流れてやまず。伯や動いてやまず。順境にありても得々たらず、逆境に陥りても戚々《せきせき》たらず、満天下の怒罵を蚊の呻るほどにも思わず、白刃前に臨むも恐れず、万人これを非とするも敢然として独り往く。偉勲絶倫なるもたえず過去に生活せずして、常に未来に生活せり。云々」

ここでは、上述のようにさまざまの評価をうけた後藤象二郎の政治観の形成について、その生涯の前半期、即ち幕末維新期を中心に若干の追究を試みるのが課題である。

象二郎の生いたち

後藤は天保九年（一八三八年）高知城下の片町というところに生れている。同じ土佐藩の人物でいえば中岡慎太郎が同年の生れであり、板垣退助と谷干城が一年、坂本龍馬と福岡孝弟《たかちか》が三年の年長である。他藩の人物では山県有朋が同年、高杉晋作が一年若く、伊藤博文は三年若い。後年、後藤をひいきした福沢諭吉は四年先輩であり、西郷隆盛などは十一年の先輩ということになる。主君山内容堂も十一年、後藤が師事した義理の伯父吉田東洋は二十三歳の年上であった。

父助右衛門は橋本家から後藤家（馬廻組百五十石）にいわゆる末期養子として入り、別に大塚氏から妻を迎えた人であるが、その間に生れたのが象二郎である。しかし少年期の象二郎は家庭的にはあまり恵まれなかったようである。十一歳の時父が江戸の藩邸で病死すると、母はどういう理由からか実家に帰され、彼は後藤家の祖母に養育されることになったが、その祖母が十三歳の時にまた亡くなると、彼は孤児として父の兄である橋本小平の家に引取られることになった。後藤の家は番人に託して空屋にされたわけである。

ところが、この伯父がまたことごとに後藤につらく当ったらしい。あなぐらのような狭い一室で、後藤自身「窮窟」と名づけた小部屋を与えられたばかりで、凡そ肉親らしい愛情をうけることもなかったようである。後年になっても後藤は、自己の過去のこと、祖先のことを多く語らなかったというが、それも一部はその少年時の不幸な記憶によるものかもしれない。

しかし、少年期いらいの友だちには板垣退助、福岡孝弟、末松謙吉などの良友がいたし、文武の修業の師にも恵まれていた。剣道は寺田忠次、大石進に学び、読書は吉田東洋に学んだ。東洋は後藤家の末娘琴子をめとっていたから、後藤にとっては義理の伯父に当るが、彼が幕末の土佐藩政に大きな足跡を残した傑物であったことはいうまでもない。後藤の政治思想の形成においても、東洋の影響は大きかったと思われるが、その思想と人物につい ては後に述べることにしたい。また別に書を森田梅磵《ばいかん》に学んでいるが、この人物は梁川星巌門下の高足で、藩内一流の詩人でもあった。後藤は晩年まで書を好み、一種風格のある字を書いているが、それはこの頃に身についたものであった。さらに変りだねの師として は中浜万次郎がいた。彼が十二年の海外生活から土佐に帰ったのは嘉永五年(一八五二年)のことであったが、東洋は早速彼を招いて海外事情のことを訊ねている。後藤も同じ席にいてその話を聞いたが、その時一枚の世界地図を万次郎からもらいうけ、数日間は外にも出ないでその研究をつづけたという。「海洋型」の英雄としての後年の後藤の人間形成に、そのことはかなりの関係をもったといえるかもしれない。

後藤が橋本家を出て自分の家に帰ったのは嘉永六年、満十五歳の時であった。それととも に生母を引取り、また東洋の周旋によって寺田家よりその二女磯子を妻に迎えた。この生母と妻については『伯爵後藤象二郎』に次のように記されている。

「生母は快活にして聡慧、いわゆる男勝りの女丈夫にして、家政を意とせず。伯の天資これに享くる所多し。伯の下歯、上歯より前に出でたるも、生母そのままなりと聞く。

新夫人は貞順にして婉容あり。他日よくその子女を教育し、ゆうに中饋《ちゅうき》の任を全うし、伯をして毫も内顧の憂なからしめたるが、惜しや、慶応三年を以て早世せり。」

師吉田東洋

ここで後藤の義伯父であり、政治上の師でもあった吉田東洋の政治思想を見ておかねばならない。それはその後の後藤の政治思想に深く、ながい影響をもったと思われるからであり、また後藤がその政治的能力を養成した幕末土佐の藩政構造において、吉田派の存在は重要な要素をなしていたからでもある。

東洋の思想や人物については、福島成行の『吉田東洋』に次のように述べられている。

「東洋幼少にして教授館の儒員中村十次郎に就き漢学を修め、また万葉古義の著者鹿持《しかもち》雅澄《まさずみ》に和文を学び、殊に十八歳の頃、従僕に不礼の所業あり、これを斬り捨てたるより、世間を憚り身を慎み、家居門を出でず。兼て東洋の父が所蔵の骨董品を売り払い、明の万暦版の二十一史、十三経註疏《けいちゅうそ》、諸子類文集等を購い集めおきたてるを以て、三年の間書を読み、詩文を作り、刻苦勉励して学業大に進み、嶄然《ざんぜん》として頭角を顕し、遠く儕《さい》輩《はい》を抜くに至れり。東洋の学風は書史を博渉し、経世利用の実学を主とし、経義訓詁の如きは第二とし、殊に古来土佐に伝わる南学、就中《なかんずく》山崎闇斎《あんさい》派の拘迂《こうう》偏固なる学説を好まず。後に至り土佐従前の学風を一変したるは東洋の力なり。（略）

東洋が経世学に志したるは、天稟《てんぴん》の才識博く書史を読みたるによるといえども、斎藤拙堂に親炙の後に至り、参政にあげられ、祗役《しえき》して江戸に在るや。藤田東湖、塩谷宕陰《しおのやとういん》、安井息軒《そっけん》、藤森弘庵、羽倉簡堂、江川英龍等のごとき、名士碩学と交り、加うるに清朝の康熙年間に死たる江南昆山の顧炎武、字は寧人といえる、天下郡国利病書または日知《にっち》録《ろく》等の著者にして名高き経世学者の所説を喜び、また湖南邵陽の人にて道光年間まで生きて、時務に通じ海外の地理に精《くわ》しき魏源、字は黙深の著わしたる聖武紀及び海国図志等を読み、ますますその学識を涵養し、頑固にして世界の趨勢を知らざる鎖国攘夷論を斥け、開明進歩の主義を唱え、富国強兵の実をあげ、海外列国と対峙すべしと主張せる根底は、早くより慧眼を開き、支那出版の西洋翻訳書を読み、上海にて発行する中外新報を取寄せ、理化医学のことをも取調べ、和蘭の文、諸書まで読みたり。これらはかつて米国へ漂流しいたる中浜万次郎につき、欧米に関する新事情を聞きとりたるに起因せり。云々」

こうした開国進取の気象の持主であった東洋は、自身また豪邁《ごうまい》な英雄型の人物であった藩主容堂に深く信任され、嘉永六年十一月、あたかもペルリ来航の衝動が全国政治の大動揺をひきおこしたころ、参政として藩政の中枢を握ることになった。もっとも、この第一次参政時代は、後述する不祥事のため一時中断されることになるが、のちに再び参政に復帰していらい、幕末土佐藩政史上にいわゆる吉田派の強力な勢力をきずきあげることになる。

ただ、東洋の個性の中には、さきの引用にある下僕斬殺の事件のように、一種激越なところがあり、その知友たちの多くによってその点を懸念されていた。東洋と親しかった藤田東湖は「つらつら東洋の容貌を見るに、眼中殺気を含めり、恐らくは近日不慮の出来事あらん」と語ったことがあり、斎藤拙堂もまた「吉田は名剣にして鞘なきがごとし、必ず自ら傷つくに至らん」と批評したことがある。東洋の推薦で軽格から士格にあげられ、容堂の侍読にもなった松岡毅軒《きけん》さえ、東洋のことを「才余りあって徳足らず」と評しているが、すべてそのような性格上の峻峭《しゅんしょう》さが多くの敵を作ることになり、ついには武市半平太一派によって暗殺される一半の理由となったことは否定しがたい。ともあれ、後藤はこの東洋の薫陶をうけ、縁戚ということではなく、実力においてその門下中の俊才とみられるようになったのである。

第一次の参政に就任した東洋は、その翌年、容堂に従って江戸に入ったが、その時、後藤もまた東洋に従って同行した。彼の任務は、貨物輸送の宰領であったが、宿々での煩瑣な雑務の処理は、世情にうといこの青年武士にとって、非常な勉強になったようである。或は東洋は、そういう形でこの愛弟子を教育したのかもしれない。

江戸に入った東洋は、前記の名士たちと交際するとともに、折から調印されたばかりの日米修好条約をめぐる紛糾の中で、海防策のため画策するところが多かった。しかしわずか三カ月もたたないうちに、宴席で不敬のことがあったとして職を奪われ、国元に蟄居を命ぜられるという羽目に陥った。この事件は宴席の賓客であった容堂の親戚松下嘉兵衛が酔って東洋の頭に手をかけ愚弄したのに対し、もともと癇癖《かんぺき》のつよい東洋がこれを打ちすえたという突発事件であり、むしろ東洋の側に同情の余地があったが、容堂としては親戚の手前もあり、そのままにはさしおけなかったわけである。

前出のように十八歳の時下僕を斬り捨てたことといい、この事件といい、東洋の激しい性格を思わせるに足るものであった。帰国して長浜村に幽居した東洋は、安政五年、再び参政にあげられるまで、四年余をこの地に送っている。その間に東洋はその居宅に塾を開き、少林塾と名づけて有望な青年を選んで教えるとともに、東都の名士たちとも詩文の交換をたたなかった。その門に学んだ人々としては、後藤象二郎、福岡孝弟はもとより、市原八郎左衛門、麻田楠馬《くすま》、奥村又十郎、野中太内《たない》、神山左多衛《こうやまさたえ》、長沢又七郎、小笠原健吉、間崎哲馬《まさきてつま》、岩崎弥太郎、末松喜久弥ら、のちに藩政の牛耳をとった人々が多い。板垣退助はその頃読書講学などは武士の余技にすぎないとして顧みなかったが、東洋は彼に対してもしばしば講学の必要を説いてこれを誘掖《ゆうえき》した。しかし門下の青年たちのうち、東洋がもっとも期待をよせたのはやはり後藤であった。

こうして東洋の周辺に集まった新進気鋭の青年たちはのちに「新オコゼ組」という名で世間によばれる政治勢力になっていった。この名称は、それより二十年近い昔、オコゼ組という一種の学派が土佐藩政に勢力を占めたことがあるのに因んだものであるが、東洋一派の特長としての経世実用の学風が伝統的な世襲儒者たちの保守主義をこえた魅力を一般の士人にも及ぼし、土佐の学問・思想に新しい波をもたらしたことを物語ってもいる。とくに安政五年一月、容堂の信頼を背景に東洋が再び参政の地位に就き、その門下生を次々と抜擢して藩政上の重要ポストにつけるとともに、各種の改革にのり出してからは、吉田派の勢力はとぶ鳥も落すという形容でよばれるほどのものとなった。その東洋の政治思想を簡単にいえば、対外的には開国主義であり、対内的には主君容堂と同じく公武合体説にほかならなかった。嘉永六年のペルリ来航にさいし、彼が藩主容堂の名で幕府に提出した建白書には「交易之義は一切御拒絶に相成、速に海防之御手当等厳に被仰付度」などとあって、当時一般の攘夷論と同じようなものであるが、反面において積極的に海外技術の採用による国防の近代化を主張しており、長州の長井雅楽《うた》が唱えた公武一和＝航海遠略の思想に似たものが見られる。たとえば文久元年九月の藩庁への上書の中には、次のような抱負がのべられている。

「来秋頃は、蒸汽船御買入被仰付、有志之者も二三十人為乗水夫の外江戸へ被遣、万次郎の如き者及公辺海防掛之人へ御頼に相成り、右船にて調練任候時は、一年に不及、近国之航海相調可申、其時軍艦御買入に而、又々如此両三艘に相成候わば、南洋に有之無人島六七も御手に入候様仕り候上、交易御差許し五国に兵を用候事有之節、時として御願立之上、右軍艦被差遣候時は、事実に臨候故、人才教育之道も虚飾に相流申間敷奉存候。」

こうして東洋の抱負は、佐幕開国の立場から西欧の技術、機械を導入し、土佐藩の富強を達成することにあったが、そのために必要な資金獲得のため、安政六年には弘田亮助、岩崎弥太郎らを長崎に派遣し、出張所を設置して大いに国産品の貿易を起すとともに、新たに致道館を建てて武士団の新教育にのり出した。再び参政となっていらいの東洋には鎖国攘夷という考えなど幼稚な観念論にすぎなかったのである。

幕末土佐藩の政情

しかし、東洋の経済政策、文教政策のそうした急進性は、二つの方向から強い反撥をまねくことになった。一つは藩の上士層の保守主義の反抗であり、他はむしろ下士層に多かった尊王攘夷派からの反撃である。こうして幕末における土佐藩の藩情を構成したものは、基本的にいえば、「頑固保守派」と、革命的「尊王攘夷派」と、改良主義的「吉田派」の三要素ということになるが、そのそれぞれの思想傾向にさらに伝統的な士格と軽格との階層的対立が結びつくことによって、いっそう複雑で激烈な闘争を展開することになった。

こうした藩内抗争は多少とも幕末の各藩を通じて見られたものであるが、土佐の場合の特長ともいうべきものをあげると、前記三党派の対立がたとえば水戸のような全藩的解体をもたらすこともなく、また長州のような一党派による軍事的制圧をひきおこすこともなかった理由は、その藩と幕府との関係における特殊性と（土佐は外様とはいえ譜代に近い立場にあった）、藩主とくに容堂の強力なリーダーシップの存在であったといえよう。この後者の点については、たとえば吉田東伍の『維新史八講』に次のような批評が見られる。

「肥前の閑叟《かんそう》〔鍋島直正〕、土佐の容堂、越前の春嶽、これは当時の賢君と推されたが、賢君は藩内の治め方、特に藩士の取締が行届いてあるためか、行動が鈍い。当時の政界に最効験ありし破壊手段は、閑叟や容堂、春嶽の如き聡明の君の好まぬ所です。恰も好し、中位の名君たる久光や敬親〔毛利〕の藩士が出て働く。長州の毛利父子は、よく言えば温厚、早口でいえば唯の大名で、ほんの御神輿さんです。肥前の閑叟は温厚でしかも老練だから、よく藩内を抑えて一人でも物を言わさぬ。土佐は肥前とやや違う。容堂もなかなかの豪傑だが、藩士も豪の者が多く、容堂の君命でも抑えきれぬ……」

いいかえれば、土佐藩内部の強力な保守・革新両勢力の抗争と、その両者いずれもの独走を抑圧しようとする藩主容堂のこれまた強力な統制力とが相互に干渉し合って、幕末における土佐藩独特の政治的ヴェクトルが形成されたということである。単純化していうならば、薩長の場合には結局倒幕急進勢力が藩庁をひきずるという形になっていったのに対し、土佐においては容堂のヘゲモニーがさいごまでよく保たれ、そのために藩内の急進、保守の両勢力ともたえず諸勢力間の均衡を考慮しなければならないという独特の行動様式を身につけるにいたったということである。薩藩の行動が単純素樸な強さをもち、長藩のそれが鋭い政治的リアリズムをもったとするならば、土佐の行動には典型的な政治計算の配慮がまさっていたといえよう。そしてその特性は、幕末における土佐藩の動向そのものに、好むと好まざるとにかかわらず、一定の機会主義的性格を与える間接の要因となったとみることができそうである。

吉田東洋が二度目の参政となった安政五年は、即ちいわゆる戊午《ぼご》の大獄の年であり、このころから公武合体路線を強行して幕権を確立しようとする勢力と、違勅調印と弾圧に反抗し、尊王攘夷によって幕府に迫ろうとする勢力との激しい闘争が一般化するに至ったが、後者の運動は脱藩浪士の横断的連繋を特長としており、そのためにしばしば藩権力との抗争をひきおこすことにもなった。そしてまた、この勢力が、藩権力との結びつきの濃い上士層よりも、比較的体制から疎外された下士層にその基礎をおいたこともよく知られているとおりである。土佐藩におけるそのような尊攘派の中心人物が瑞山武市半平太であったことはいうまでもない。

「……瑞山の熱と意気を以て一たび南海の山河に尊攘の大義を叫ぶや、府下七郡の壮士、風を聞いて蹶起《けっき》する者日を逐《お》うて多きを加え、瑞山の麾下《きか》に血を啜って報国を誓うもの無慮二百名、平井収二郎、間崎哲馬、坂本龍馬、中岡慎太郎、吉村寅太郎、那須信吾の如き血性の男児相集ってここに土佐勤王党を結成した。而してこの徒は多く白札《しらふだ》、郷士、徒士《かち》、足軽、庄屋のごとき軽格出身であったけれども、なお小野の聖人として声望一藩に厚き平井善之丞をはじめ、小南五郎右衛門、佐々木三四郎（後の高行侯）、山川一右衛門、林亀吉、本山只一郎、及び干城子のごとき士格にしてこれに援引する者もまた鮮《すくな》からず、南邸公子山内民部（豊誉《とよたか》）また志を瑞山に通じ、陰然藩庁によれる吉田東洋の佐幕開港党に対して一敵国の観を呈するに至った。」（平尾道雄『子爵谷干城伝』）

谷干城は勤王派の中でも上士に属しており、頑固保守派でもなく、また下士出身の過激派でもなかったが、以下の回想はよく当時の東洋と勤王派の立場の差異をあらわしていると思われる。

「余の土佐に帰るや、まず吉田元吉〔東洋〕に行き、説くに天下の時勢を以てし、また〈薩長両藩の謀図、すでにかくのごとくなれば時機に後れざるよう、兵備を厳にし、変に応じ、宜しきに処せざるべからず〉と告ぐ。吉田この時、参政の職に在り、致道館を創立し、大に文武を振興するを以て目的とし、事の急迫に至れるを信ぜず、反覆弁論、あえて余が言を容れず。尊王攘夷の大典あげざるべからざるを論ずるに至り、大に余を戒めて曰く。足下少壮、未だことに練れず、みだりに右等の言を吐く。かえって君公を煩わすに至る。深く慎しむべし、もし時機至らば、我輩あに天下の事を坐視せん。凡そことを為さんと欲せば、まずその器を利せざるべからず、致道館の設け、他日の利器ならずや、且つ今日に当ては、大に航海の術を開かざるべからず、我が考うるところによれば、近日蒸気船四五艘を購い、大に南洋諸島を開拓せんと欲すと。余この時笑って曰く、〈南洋諸島を取るの御策は或は可なるべきも、ぐずぐずする中に、我国を取らるるに至るべし〉と。吉田大に怒り、唯曰う〈足下未だ年弱し、須《すべか》らく学問すべし〉と。これより時事談は止め、自身の経歴談をなし、闇《あん》に〈我れまた尊王攘夷の心算はあるぞ。未だこれを口に発して幕府の嫌疑を招き、君公を煩わしては楽屋で声を枯らすというものぞ〉といわんが如き口気あり。その応接怒る如く、笑う如く、いかにも当時の人才とは知られたり。」（『隈山詒謀録《わいざんいぼうろく》』）
これは文久元年冬のことであるが、この時すでに土佐勤王派の首領武市半平太は、薩摩の樺山三円、長州の久坂玄瑞らと結んで勤王倒幕の計画実現を意図しており、谷もその同志として、側面から武市を援けるために東洋を説いたわけである。武市自身もまた数回にわたり東洋を動かそうとしたが、東洋は耳を傾けようとはしなかった。
「文久元年十一月二十三日、半平太は再び藩庁に出頭して、東洋の同僚市原八郎左衛門に向い、薩長両藩主には、不日参朝の議あり、天下の有志同時に馳せ集りて、尊攘の大義を唱うべきにより、御国とても、後れをとらざるよう、是非御取計いありたしと建策したるに、八郎左衛門はただ目下その儀につきては御評議中なりと、ていよく受け流すのみにて、容易に引受け実行の模様とてはなきにより、半平太は東洋を自宅に訪《と》えり。東洋は山内氏と徳川家との関係より、薩長二藩と同一に心得べきにあらずと説き、かつまことにかかる一大事あらば、薩長より使者を差越さるべきに、未だ以てその儀なきは、浪士どもの針小棒大に申しふらせしならんと容易に信ずるの気色なく、薩長の藩情疑わしとて、かえって探索の内命を下したれば、半平太は怫然として、この儀はすでに承知せり、今更探索に赴くまでの必要なしと辞退し、ついに勤王党は開国党に対して、血を見ざれば止まざりし衝突を激成するに至り、隠々の間に行われたる党派もここにおいて党派の旗色鮮明となりたり。」(『吉田東洋』)

この対立が昂進して結局文久二年四月の武市派による吉田東洋暗殺となったことはよく知られている。佐々木高行の回想によれば――

「一体この一件は、よほど前から計画しておったものと見えて、下士以下の勤王党は、吉田さえ片づければ一向訳はない位に思っていたらしい。そこへ行くと、武市はア、いう誠実の方であるから、マアマアというて制しておった。然るに天下の時勢は追々切迫してくる。だんだん吉村寅太郎だの、坂本龍馬だのは脱走する。この上猶予していると、いよいよ立後れるであろうと心配して、苦心百方の末、ついに同意することとなったものと見える。ある夜武市は小南を訪うてこの決心を仄めかした。すると小南は眉をひそめて、それはよく考えるがよい。水戸のように一度血を濺《そそ》げば取りかえしがつかぬと忠告したそうだ。(略)

前にもいうたとおり、吉田の政策は華奢の方であるから、その点は大老公(景翁公)などの御気に召すが、吉田がむやみに旧例故格などを打破し出してからは、あまり御気に入らない。また民部様や大学様、家老でも山内下総殿などは、大方吉田嫌い、ことに佐幕攘夷とでもいうごくごく頑固な小八木五平などの一派はヒドク吉田を嫌う。(略)民間でも年来国事向や何かで物入りが多いのは、みな吉田のためだと怨んでいるくらい。

それであるから、一般に吉田が非命の最後をとげたのを構わない、イヤむしろ悦んでいる傾がある。ツマリこれは吉田の不徳といわなければならぬ。（略）吉田は人物であったにちがいない。それは非凡な人であると思う。けれどもその遣り口、人となりについては、今に敬服はできぬ。がそれはそれとして、当時の人気というものは、殆ど吉田を離れておったのである。」（津田茂麿編『佐々木老侯昔日談』）

この事件の結果、当時御近習目附であった後藤を含め吉田派の勢力は混乱のうちに藩庁から総退陣し、かわって頑固保守派と武市派との奇妙な連立政権が誕生することになったが、以後一年ばかり武市派の得意の時代がつづく。とくに文久二年十月、先の勅使大原重徳《しげとみ》の東下（五月）につづいて、三条実美、姉小路公知《あねがこうじきんとも》らが攘夷督促の勅命によって江戸に下ったとき、姉小路雑掌として随行したころは、彼のもっとも得意の時代であった。武市はその同志とともに藩庁を動かし、薩長とならぶ勤王藩に土佐藩をのしあげるに成功したかに見えた。

しかし、文久三年八月の政変によって、従来の過激尊攘派の勢力の全面後退とともに、武市もまたとらえられ、慶応元年、吉田の門下後藤象二郎の審理ののち、切腹を命ぜられたことも周知のとおりである。佐々木高行のいうように、もし武市らが吉田を殺さなかったならば、武市もまたその生を全うしたかもしれなかった。ともあれ、勤王と佐幕、上士と下士との間の紛争は、土佐においても複雑な因果関係によって貫かれたものであった。

土佐藩政の中枢で活躍

これまで後藤の政治的機略を形成した背景として、土佐藩の政治的環境を概観してきたが、そこから後藤の学んだことがらとして、第一には吉田東洋からうけた開明思想と通商産業思想の影響があり、第二には東洋暗殺のひきおこした政局変動の苦い経験があったといえよう。後藤は吉田によってもっとも嘱望された青年官吏として、二十一歳で郡奉行にあげられ、のちに御近習目附に昇進していたが、東洋の横死とともに吉田派の一人として役儀御免となり、以後二年間は雌伏韜晦《しふくとうかい》の期間を送ることになった。この間彼は、土佐藩がはじめて購入した汽船南海丸の航海見習生を志願し、江戸に赴いて航海学を学んだりしているが、或は坂本龍馬、もしくはのちの岩崎弥太郎のように、政治をすてて、当時もっとも有望な政治手段でもあった航海・通商の仕事に専心しようとする考えがあったのかもしれない。いずれにせよ、東洋の思想は根づよく彼をとらえており、勤王激派の行動に屈服同調しようとする傾向はなお認められない。

この間、文久二、三年という時期は、尊攘運動がもっとも過激化し、内外人に対するテロリズムと、各藩激派志士の横断的策動とが、朝廷と幕府の両者に対して強引な圧力を発揮した時代であった。土佐藩においても、吉田暗殺の下手人を捜査・逮捕することなど思いもよらぬという情勢であり、後藤自身、江戸滞在中の一夜、土佐藩暗殺専門家岡田以蔵に襲われたこともあった。

しかし、文久三年を絶頂として尊攘激派の運動は挫折・急転することになる。いわゆる八月十八日の政変がその転機であるが、天誅組、生野の変、七卿落ちという転換ののち、政局は再び公武合体派の改良路線に復帰することになる。朝廷・幕府・雄藩の勢力均衡の上に、政局の停滞と内部矛盾の潜在的進行が始まるわけである。後藤が再び藩政の中枢に復活するのは、元治元年、まさにそれらの矛盾が顕在化しようとする時期であった。そして、そのさい後藤を起用したのはそのころ隠居の身分であった前藩主山内容堂にほかならなかった。

これよりさき、容堂は、安政五年の将軍継嗣問題に関連して幕府に謹慎を命ぜられ江戸鮫津の藩別邸に隠居していたが（国もとにおける吉田派の追放はその間に行なわれた）、まもなく謹慎を解かれ、松平春嶽、島津久光らとともに、公武合体の主要人物として、幕政の諮問に与《あずか》るようになっていた。彼が五年ぶりに土佐に帰ったのは文久三年のことであるが、帰国とともに勤王激派の抑圧、吉田派の再登用に着手した。そうした情勢変化を見て、後藤もまた元治元年四月、国もとに帰ってきた。

帰国早々、後藤は東洋の門下生岩崎弥太郎とはかり、その抱懐する開国策を漢文で認め、容堂が毎月開いていた詩文会の席に提出した。彼の考えは、土佐一藩をあげて開国にふみきり、一国の富強をはかること、その具体策として、東洋の遺策たる開成館を開き、長崎交易を伸長し、汽船購入を推進するというものであった。かねて後藤を吉田門下の逸材として認めていた容堂は、ただちにこの国策に賛成し、後藤を大監察に任命するとともに、武市一派の断獄に当らしめた。当時の藩庁には、吉田派の市原八郎左衛門、由比猪内《ゆいいない》、福岡孝弟らが復帰し、板垣退助もまた大監察として一時後藤に協力する立場にあった。板垣は、勤王派とはいえ門閥派に属し、武市を中心とする下士の過激派がしばしば藩庁に対し粗暴なデモンストレーションを行なうことについては敵意をいだいていたからである。

後藤の大監察就任は当然に武市派の恐慌と武装反抗をよびおこし、藩内の情勢は険悪をきわめた。武市は前年八月政変ののち、激派浪士を取締まれという朝旨にしたがい、同志とともに捕えられ、一年近く在獄していた。藩庁としては吉田東洋暗殺の嫌疑を追及したかったのだが、その証拠はなかなかあがらなかった。しかもその在獄中、武市派の勢力はしきりに藩庁を威迫しており、武市の断罪はきわめてむずかしいケースであった。後藤の身辺にもテロの脅威が迫っていた。このころ後藤が唯一の頼みとしたのは、毅然として公武合体の路線をとり、そのために「朝敵」長州とのつながりの深い激派志士を切るのも已むをえないとした容堂の存在であった。

容堂は武市半平太らの審問にあたり「一間を隔ててこれを傍聴し、糾すべき疑案を親しく指示せしことあり、容堂の来り臨まざりし日は、伯退出より散田の邸に伺候して、ありし次第を言上するに、容堂酒杯を手にしながら、伯の意見を聴くこと、概ね半夜に及ぶ」というほど、熱心であった。こうして、ついに慶応元年五月、武市は切腹を命ぜられることになるが、このむずかしい決断の中心人物は、やはり容堂であった。後年、中島信行は、次のように語っている。

「もし土佐に容堂の如き英主なくんば、高知の上士と各郡の下士と、内乱を生ぜしは必定なり。余らの力にてはこれに抗する能わざるを以て、やむなく身を長州に投ずるの下策に出でたるが、今にてこれを思えば、これかえって後年戊辰の役、土佐全国をあげて東征の功を奏するの地を与えしものに近し。」

しかし、武市の処刑によっても、藩内の勤王派とそのシンパの勢力は抑えられなかった。後藤の献策による開成館には、貨殖、勧業、鉱山、捕鯨、海軍の諸科がおかれ、別に訳局では英、仏の語学を教え、医局では西洋医学を教習するなど、開国主義を強行するとともに、その資金獲得のため貨殖局出張所を長崎に置き、国産樟脳《しょうのう》の輸出によって利益をあげようとしたが、その運営は必ずしも成功せず、財政難の圧迫は民衆に重くのしかかった。そのため藩内の人気は勤王派への同情とあいまって、後藤を中心とする藩庁への不満を増大させるというありさまであった。

あたかもそのころ、長州征伐の帰趨をめぐって、佐幕派と勤王派の対立は一層激化し「もうこの頃は互に感情に走って、神経も過敏になっているから、鵜の目鷹の目で有利の材料を探し、一寸のことでも口角泡を飛ばして議論する。その末社に至っては、喧嘩する者もある。親類でも異党というので絶交する。婦女子までも反目して自然党派が生じてきた」(『佐々木老侯昔日談』)という状況であり、後藤の施策にも行きづまりの気配がこくなった。慶応二年十一月、彼が財政難打開の目的で長崎に出張したことも、反後藤派の人々に言わせれば「内実は国民の攻撃にたえないで、一時これを避けたのだ。(略)後藤はとかく突飛なことをやる男であるから、御維新でもなければ身の始末がつかなかったことであろう。福岡藤次(孝弟)は後藤とは親密であるが、この長崎行をさんざんに悪口したそうだ」(同前)というものであったかもしれない。

ともあれ、この藩政への復帰と新国策の実行の期間、後藤は再び自己の思想の現実的な挫折を経験したと見ることができよう。かつては武市派のテロリズムがその挫折の原因であったが、こんどは自ら権力の立場にありながら、時代の政治的気流の変化というべきものがその政治的構想を挫いたことになる。彼は武市を断罪することによって、その過激な尊攘主義に一矢をむくいたかもしれない。しかし、時代の激流は意外にもその非現実的ラジカリズムの方がひろく民心をとらえ、もっとも現実的な自己の政治構想がかえって空想に陥ったことを感じとったかもしれない。長崎出張というか、長崎逃避というか、ともかくこの時後藤が藩政を離れ、いわば脱藩者の小宇宙ともいうべき長崎に赴き、とくにそこで稀有の自由人坂本龍馬と遭遇したことは、彼の政治的視野を転換せしめる上に、絶好のきっかけとなったと思われる。

長崎滞在——坂本との出会い

後藤が長崎に赴いた慶応二年後半期は、第二次長州征伐における幕府の敗軍、全国的な一揆・打ちこわしの拡大などに見られるように、一方には幕府権力の後退が明らかとなるとともに、他面西南雄藩と幕府との対抗・矛盾関係が表面化しはじめた時期でもあった。長州が幕府への反抗の中心勢力であったことはいうまでもないが、文久三年の政変いらい、犬猿の間柄であった薩長の間にさえいわゆる討幕密約が成立したのは同年春のことであった。土佐藩主流では、一部勤王急進派を除いて、そうした情勢の急激な進展に敏感ではなかったとみてよい。容堂も後藤も、時代はなお全面的な武力対決の段階に立入ってはいないと考え、もっぱら土佐藩中心の立場から、その殖産興業による富国化のみを考慮していた傾きがある。長州の急進派久坂玄瑞が、文久二年、武市半平太に宛てた書簡において、「失敬ながら尊藩も弊藩も滅亡しても大義なれば苦しからず」などと書いた意識に比べるならば、それは三年ほど後れていたということができる。しかし、後藤はまたそのおくれを逆手にとる機略の持主ではあった。

長崎滞在中の後藤は、上海にも渡って多数の汽船購入に当ったほか、長崎在住の外商と種々の折衝をかさね、積極的な商業拡大をはかったが、後年の炭鉱経営の場合と同じように、かなりの放漫策をとり、巨大な借財をつくることにもなった。しかし、それよりも、後藤の長崎行きが土佐藩にとって大きな資産を生み出したのは、この滞在が土佐藩内の伝統的な党派対立の部分的解消をもたらすきっかけになったことである。

「この後藤が長崎へ行ったことは、大変土佐の党派の間を柔げ、また上士下士の軋轢を柔げる媒介になった。これよりさき、土佐の脱藩壮士は早く攘夷説は棄て、航海術に心がけ、薩摩の小松帯刀《たてわき》の世話にて、西洋型の帆船などを買って乗り回り、後藤が長崎へ参りますと幸いだから後藤をやってしまうがよいなどという説をしたものもありました。しかるに坂本（龍馬）はこれを止め、後藤は君寵を得ているから、これを利用しなければならぬ。とても我々浪人でやっておって、ろくなことはできるものでないとて、後藤に堂々と世界の大勢を説いた。後藤はあのとおり敏捷な人であるから、直に同意して、（略）ここにおいて土佐の佐幕開国党と、在国勤王党と、脱藩党と融化する所以のもの、実に坂本、中岡二氏の力でありました。」（谷干城、『伯爵後藤象二郎』より）

後藤が脱藩者によって組織された亀山社中と称する商社の指導者坂本龍馬と会談したのは、慶応三年の初めごろとみられる。坂本はもと武市派の一人であり、その部下のものも多くその一党であった。彼らは武市の刑死に復讐するため、後藤を斃そうとしたが、坂本は前述のようにそれを許さなかったわけである。

「伯、一笑、坂本を迎え、一見旧知の如く、紅灯緑酒の間、互いに胸襟をひらきて、一夕の歓をつくせり。坂本、寓に帰るや、その徒先を争うて後藤は如何と問う。答えて曰く、〈土佐に一人物を現出せり、彼とは元来仇敵なるも、さらに片語の既往に及ぶなし。その識量の非凡なること知るべし。また彼が座上の談柄《だんぺい》を常に己の方に移らしむる才弁は侮るべからず。とにかく一人物なり〉とて嗟嘆してやまず。（略）一同ここに伯を敵視するの念をひるがえしたりき。」（『伯爵後藤象二郎』）

このころ、坂本が木戸孝允に宛てた手紙に以下のように書かれている。

「……同国重役後藤庄次郎、一々相談候より、よほど夜の明け候気色、重役どもまたひそかに小弟にも面会仕候故、十分論じ申候、この頃は土佐国は一新の起歩あい見え申候。（略）当時にても土佐国の幕の役には立ち申さざるくらいのところは相はこび申候。今年七、八月にも相成候えばことにより昔の長薩土と相成り申すべしと相楽しみおり候。」（慶応三年三月十四日）

また、三吉慎蔵宛の手紙にも、左のような印象がのべられている。

「この頃出崎の土佐参政後藤庄次郎、近頃の人物にて候。内々御見置きなさるべく候もよろしからんと存候。」（同年三月十六日）

その後六月二十四日、姉乙女への手紙にも「中にも後藤は実に同志にて、人のたましいも志も、土佐国中で外にはあるまいと存じ候」ということばが見られる。この両者の提携があってはじめて、大政奉還という大芝居の筋書が可能となったのである。

大政奉還論

慶応三年十月三日、老中板倉勝静《かつきよ》に山内容堂の名による大政奉還建白書を提出し、十月十四日、将軍徳川慶喜がこれをうけ入れ、大政奉還の上表を奉る前後がたんに後藤の生涯におけるもっとも華麗な活動の期間であったばかりでなく、明治維新史上もっともドラマチックな場面であったことは周知のとおりである。後藤個人の活動については、「山内容堂にこの使者といって大勢の藩士中より睨み出されただけあって、後藤もなかなか一筋縄で括れる男ではない。その頃はちょうど二十九か三十歳であって、髪は大手束に結うて、身の丈高く、筋骨たくましく、鷲眼豊面、まことに大兵の男で、ほとんど相撲とりのような風采であった。機略縦横、隠顕自在、しかも才弁流るるがごとく、戦国策士として実にはずかしからぬ男で、ずいぶん大風呂敷をひろげるくせがあって、云々」という勝海舟の言葉があるが、ある意味では、この期間における活躍の中に、後藤象二郎の政治思想とその行動様式のすべてがあらわれていたといえるかもしれない。その政治計算の能力も、その機会主義も、局面操縦の弁舌も、そこで十分に発揮されたばかりか、その「大風呂敷」的なハッタリもまた、この建白運動のさいによくあらわれていたからである。

大政奉還という政治構造の起源が直接には坂本龍馬の「舟中八策」にあること、その坂本の思想が薩摩出身で後藤の庇護下にあった外国帰りの中井桜州の影響や、それより早いころ師事した勝海舟や、大久保一翁の見解を継承したものであったことは周知のとおりである。この「八策」の骨子はその第一項にいわれるように「天下の政権を朝廷に奉還せしめ、政令宜しく朝廷より出ずべきこと」という政権奉還論であった。それとともに、第二項には「上下議政局を設け、議員を置き、万機を参賛せしめ、万機宜しく公議に決すべきこと」という、いわゆる公議政体論が述べられているが、それは王政復古の政体について論じたものであり、当面後藤の心をとらえたものは、主君山内容堂による将軍への建白、将軍による大政奉還上表というプログラムによって、土佐藩の政治構想を一きょに日本政治の主流たらしめんとする判断であったといえよう。しかしまた、それは「藩内外の倒幕派の進出によって、自己の政治的生命が行き詰らんとするのを打開する」（遠山茂樹『明治維新』）という個人的意味をもったと考えられないでもない。

ここで、大政奉還論が当時の政治状況の中でどんな意味をもったかを簡単に見ておくと、それはまず端的に、当時長・薩はもとより、藩内にも板垣退助、中岡慎太郎らを中心に成長しつつあった、武力倒幕派に対抗する強力なアンチ・テーゼであった。慶応三年六月、後藤が坂本とともに上京し「舟中八策」の構想をもって活躍を始めていらい、政局の裏面における流動はこの二つの路線をめぐる各藩策士たちの縦横のかけひきとしてあらわれるにいたった。板垣が京都において、中岡慎太郎の仲介により、谷干城らとともに、西郷隆盛、吉井友実《ともざね》、小松帯刀らと会い、倒幕挙兵の薩土密約を結んだのはその直前、五月二十一日のことであるが、その翌日には、容堂に面して「もし因循せば大事去る、臣或は薩長の門に馬を繫がんことを恐る。公家柏章の旗何、所に樹つべきや」（『板垣退助君伝』）と述べ、暗に土佐藩全体の落伍を示唆して容堂の決断を迫っている。この時容堂はあえて問題にしなかったが、その平和主義＝公武合体の政策が事実上有効な力となりえないことはその頃容堂にもよく自覚されていた。容堂としては、外交・内政上の難問題をかかげて幕府を窮地においつめ、機を見て軍事行動による倒幕に転じようとする薩藩の動きは、目的のために手段をえらばぬ陰険な謀略に見えて不快であったろうし、かといって佐幕一点ばりの保守的門閥者の行動にも満足することはできなかった。彼は陰謀謀略を好まなかったし、その反対に因循姑息の幕府閣僚や藩地の門閥者をも好まなかった。一種の手づまりと幻滅の意識から、容堂が京都を去って帰国したのはそれから間もなくのことで、後藤が京に入る少し前のことであった。容堂はいかにも英雄的な封建領主にふさわしく、「公明正大」の論理を求めながら、しかもその具体策をつかみえなかったといえよう。謀略と陰謀とその帰結としての武力行使のほかに、従来の朝廷幕府の二重権力を解消する平和革命の道はないか――それが容堂の懊悩であったといってよいであろう。坂本―後藤の線による大政奉還の秘策は、あたかもそうした容堂の混迷を打開する恰好の議論として、帰国したばかりの容堂の前にもたらされたわけである。

「抑《そもそ》も侯〔容堂〕には治療のため帰国ありし以来、何になく鬱々として楽れざる状ありしが、今や後藤の言上を聴かるるや、忽ち眉揚りて膝の進むを覚えず、汝よくぞ心付きたり、今日天下のこと、頼にこの一策あるなれ、従来、余が公武合体を主張なし、政権を将軍に御委任あるべきを唱えしも、畢竟海外万国に対して政令二途に出るのおそれあるを以ての故ぞ、今や気運の然らしむるところはまた鎌倉幕府の旧制を株守《しゅしゅ》するのいわれなし、全く皇国の御《お》為筋《ためすじ》を思わば、慶喜公もまた必ずこの大政返上案を拒むの人にあらず、余はこれをわが土佐の藩論と定め、誓てこれを貫徹すべしと。後藤はために拝舞して退出せり。」（『鯨海酔侯』）

しかし、それよりも後藤が容堂を追って国に帰り、右の建言を行なうまでの活躍こそたしかにめざましいものがあった。彼は折から一触即発の情報が流れていた武力行使をくいとめるために、薩摩の西郷を説き、芸州の辻将曹を説き、宇和島の伊達宗城《むねなり》に斡旋を依頼するなど、八面六臂の活動をしている。『寺村左膳手記』にあらわれた薩藩説得の議論などを見ると、その見識・気魄においてまさに当るべからざるものがあったことがわかる。その議論は、それまでに牢固たる基礎をもつに至っていた武力倒幕運動の出鼻を一気に叩く強力な反対提案であった。ために長州藩などでは「その公議政体論を瞞着《まんちゃく》の手段にほかならずとなし、根本的革新策のこれがために沮廃《そはい》せんとするをおそれ……甚しきは後藤斬るべしという者あるに至れり」（『防長回天史』）というほどであった。

この大政奉還論に対する各方面の反応を見ると、そこに自ずから後藤の政治行動に対する後年のうけとめ方の特長がすでにあらわれているように思われる。勤王派が後藤の新構想に正面からは反対しえないにせよ、そこにうさん臭い反対謀略を感じとったことは長州の場合に限らない。土佐においてさえ、帰藩後の後藤の動きに対して、倒幕派の人々の疑惑は濃厚であった。佐々木高行の回想によれば――

「またちょっと乾（板垣）に会うと、モウ大不平である。〈後藤は大政奉還が実行されたならば、即日将軍を関白に申立てるというておる。実に怪しからぬことだ。成程既往は咎めずとも、それでは賞罰が正しくない。そういう精神であるから、深く出兵を恐れ、老公を欺いて中止した。これまで運んで、今になってソンナ因循論を唱えては、また元の木阿弥となってしまう〉と非常に憤慨していた。この関白云々は、ツマリ坂本の策で、佐幕出の後藤であるから、あまり過激ではいかぬと見て、将軍を関白として、天下政治の棟梁にすると薩藩でも唱えていると、後藤に話したのをそのまま応用して、藩に来て公言したものと見える。」

ここで問題となっている出兵というのは大政奉還を幕府に建白するにさいし、やはり兵力の後援が必要という判断から、土佐から二大隊くらいを京に入れるという約束が後藤と勤王派との間にできていたことをさしている。しかし容堂は「天下のため公平に周旋するに兵を後楯とする必要があるのか、断じて出兵無用」といういかにも彼らしい理由から反対し、後藤は板挟みになったわけである。しかしそのさい、むしろハラを探られたのは後藤であり、その真意は結局自己一人の人気とりにすぎないのではないかとさえ疑われた。そのあたりに、後藤という政治家がしばしば人に信ぜられず、たえずその表裏を疑われ、その正面にかかげる政治構想とその真の目的とは別物ではないかとして、怪物視される所以があったといえよう。

その大政奉還論についても同じであった。『伊達宗城住京日記』によれば、宗城は後藤の奉還論の真意に関して「このたび意表の発論にて、藩士その身を悪みおり候意気を変じ申すべき密策かと邪察申候」と島津久光に語っており、さらに後藤の同僚由比猪内に事情を聞いたのちも「いよいよ象二郎主張する論も、人望に関係と察し申候」と観察している。要するに長崎において放漫政策をとったため後藤の人気は国元においてきわめて悪い、その人気挽回策として、この政策を思いついたのではないかという見方であるが、聡明な伊達宗城さえそう思っていたとすれば、かねて佐幕開国派として後藤に不信感をいだいていた勤王倒幕派の連中が、前に見た長州派のように、後藤の言動に敵意をもったのも当然であった。

しかし、それはたんに後藤に人望がなかったからというだけのことではない。後藤自身、その相手に応じて、その議論の重点を微妙におきかえる話術において巧みであったことは、前にあげた坂本龍馬の言葉からも知ることができる。勤王派には出兵をうけ合い、幕閣の永井尚志《なおゆき》には「象大言のようには候えども、この儀〔=武力倒幕〕は私一人にても決してこれなきよう、御受合い申上ぐべし」と見えをきり、西郷隆盛には「もとよりその策〔=大政奉還建白〕を持出し候ても幕府に採用これなきは必然につき、右の塩に幕と手切の策にこれあり、在京同藩のものは残らず同意、云々」(『柏村数馬手記』)というふうにもちかけている。これらの発言はそれぞれ微妙にニュアンスをことにしており、それを聞く相手は自己の希望に副《そ》ってその意味を解釈することになる。いわゆる煙にまかれた状態におかれるわけであるが、半信半疑の気持が残されるのは同様である。そしてそうした半信半疑が蓄積されるとき、一転して後藤を機会主義者、大風呂敷、ハッタリ、怪雄、策士とみなす空気が生れてくるのもまた当然であった。

もっとも、幕末における各藩士たちもまた、多少とも政治を謀略、かけひきの場としてとらえていたことは同様であり、公卿の中でも岩倉具視のごとき、まさに怪雄の名に値する人物であった。一定の政治目的のために表裏相ことなる謀略を駆使する点では、薩の大久保などの方がむしろまさっていたかもしれない。にもかかわらず、政治家としての後藤の方にいっそうのうさん臭さが感じられたというのはなぜかが問題である。

「海洋型」の政治理念

この問題はもとより後藤個人のパースナリティなり、政治思想なりの問題としても見ることができるが、当時の情勢としては（各人がすべて藩の存在を背景として行動しなければならなかったという条件の下では）、むしろ土佐藩全体の性格と結びつけて見ることが必要であった。尾佐竹猛《おさたけたけき》の以下のような観察はそのための一つの手がかりとなるであろう。

「土佐藩内の政情はかく複雑であるが、これは大にしては日本全体の政情である。これを縮写したのが土藩であるというも可なるのである。各藩とも多少、これに似た紛糾はあるが、その色彩の濃厚なのが土藩である。土藩の全権者としての容堂自身の思想もまた、これを一身に集約したものである。これが凡庸なる藩主ならば、そのいずれかの派の擁立するところとなるのであるが、容堂の力は、このすべての思想勢力を駕御して、藩の方向を一定せんとしての苦心であった。そして当初の中央政界は、公武合体であったから、藩内をまとめるにしても藩外に対するにしても、容堂の立場としては、これが最も好適の政綱であった。それ故に藩外にある時期においては、藩内の各派ともいずれも容堂の意思を忖度《そんたく》して、自己の利益に解しておったが、しかも未だ慊《あきた》らぬところもあり、藩

外からは煮えきらぬ態度と批評せられたのであった。」(『明治維新』上巻)

こうした行き詰まりの意識が容堂をとらえたのが前記のように慶応三年の夏ごろのことであるが、その矢先に後藤の奉還論が提示されたわけである。尾佐竹はそのことを、ここに「現われたのが土佐的性格の他の面を具有せる後藤象二郎であり、坂本龍馬であった」というふうに述べている。いいかえれば、土佐藩政情の行きづまりを打開したものは、それまでの土佐藩政内部において必ずしも表面化することのなかったもう一つの要素であったということになる。はじめに引いた坂本、後藤への批評にいわれた海洋型の政治思想が即ちそれであったといってよいであろう。そして、土佐藩政治情勢が全国的状況の縮小版であったとするなら、それはまた日本政治の行きづまりを転換する政治理念であったということにもなる。しかも、その理念の実行者であった後藤が、前に見たように一種とりとめない機会主義者とみなされたとするならば、そのいわゆる「海洋型」政治理念の中に、そのようなイメージをよびおこすものが含まれていたことにもなるはずである。

しかし、ここでかりに「海洋型」政治理念と名づけたものの意味を説明する必要がある。それは、後藤というどこか日本人ばなれした奇妙な政治家の性格を解くかぎではないかと思われるからである。

坂本龍馬や後藤の行動を武市半平太、中岡慎太郎、板垣退助らのそれと比べるとき、その差異をあらわすものは、開国か尊攘か、上士か軽格かという基準ではない。坂本は郷士出身の脱藩者であり、後藤は参政にまで昇進した上士であった。しかもその思想ははじめ坂本とは対立的なものであった。にもかかわらず、この二人はどこか他の藩士たちとことなる共通の性格をおびている。そしてそれは、いずれもが一種脱イデオロギー的な思考様式の持主であり、人間的にも奔放自由な行動人であったところから来ているといえよう。そのことは、彼らがなんらかの大義名分論に深くとらわれたことがなく（龍馬にいたっては、通常の武士の一般的な教学になじむことさえなかった）、一方は吉田東洋の実学的薫陶によって、他方はその天賦と航海通商の実地経験によって、当時としては珍しい実務家のタイプであった、ということに関連する。福沢諭吉が言った意味で、儒教的思弁の拘束にとらわれることがなかったということでもある。

そしてもし儒教とその思考様式としての名分論とが、大陸国家の伝統的な政治思想の原型であったとするならば、すべて物と人間（＝政治社会）とをいわば時機と状況の函数としてとらえる坂本や後藤の政治思想を「海洋型」とよぶことは必ずしも不当ではないであろう。前者は人間と政治とをイデオロギーの視点から、即ちその経歴の本質からとらえようとする。朝廷、幕府、勤王、佐幕は一定のイデオロギー的定性分析によって位置づけられ、その相互の矛盾を決済するものは、結局実力＝兵力以外にはないという政治思想に結びつく。後者はそのそれぞれを流動する機能の見地からとらえ、本質とか、経歴（＝歴史）とかを問題にしない。坂本が後藤に感心したのも、初めに見たように板垣が後藤の長所としてあげたのも、後藤が自他の経歴について拘泥することがなかったという点であった。

機能主義的政治家

この二つの思考様式を別にいいかえれば、政治権力についての実体説（＝大陸型）と機能説（＝海洋型）の立場ということに比べられるかもしれない。前者においては政治は実質的暴力による権力争奪の過程としてとらえられ、後者においては政治は無限の妥協・屈折の過程としてとらえられる。坂本や後藤にとって、武力倒幕はアプリオリな必然ではなく、平和解決と等価の選択肢にすぎない。坂本にいたっては、日本が面白くなければ海外に活動の天地を求めようとする考えさえあり、それは初めに見たように「日本ですることがなければアメリカの大統領（！）にでもなって仕事をするさ」という後藤の考え方と相通じるものでもあった。坂本の著作といわれる『英将秘訣』（もっともその真偽は大いに疑われているが）には「人も禽獣も天地の腹中にわきたてる虫にて、天地の父母の心より見ればさらに差別は有るまじきなり、然れば人は万物の霊などというも戎人の我が誉れに言える言にて、人は万物の上という証拠はさらになきことならずや」とあるが、その見地からすれば、政治は大いに重大なことども、またとるに足りない権勢栄誉の争いということにもなる。坂本のことはさておき、後藤の「機会主義」というものの不可解さ、ないしうさん臭さは、どうもそのあたりに関連していそうである。

後年、後藤を「非常なるひいき役者」（『福沢諭吉伝』第二巻）とした福沢諭吉もまた、人間と政治に関して、かなり人をくった見解の持主であったことがここで思いあわされる。彼もまた「宇宙の間にわが地球の存在するは、大海に浮べる芥子の一粒というもなかなかおろかなり。われわれの名づけて人間と称する動物はこの芥子粒の上に生まれまた死するものにして、云々」（『福翁百話』）という人間論をいだきながら、ただ「すでに世界に生まれ出たる上は、蛆虫ながらも相応の覚悟なきをえず」という立場から、その生涯の奮闘をつづけたわけである。このあたりに、或は後藤に対する福沢の親近感があったといえば、あまりに単純すぎるであろうか。

ともあれ、徳川家を生かすとともに、朝廷、雄藩の意志をも生かそうとする「奉還論」は、これを逆に見れば、朝廷・幕府・雄藩のいずれにもとらわれることなく、それぞれの中に含まれる政治的価値を相対化した立場ということができる。それは、およそ当時のそれぞれに熱烈なイデオロギーの使徒にとっては、不真面目なハッタリの思想と思われたかもしれない。とくに後藤の場合には、その経歴からしても、その行動が果して何を目ざしているのか、不可解というより、単に己の人気回復のためと考えられたとしても不思議ではない。ふつう人が己の政治的信念を明らかにしようとするとき、その生命を賭けることによって決着をつけるのが例であるが、後藤にも坂本にも、そうした悲愴感はあまり認められないからである。

たしかに、慶応三年十月十三日、大政奉還を諮問する会議が二条城で開かれる直前、坂本は後藤に激越な書を送り「建白の儀、万一行われざれば、もとより必死の御覚悟故、御下城これなき時は、海援隊一手を以て大樹参内の道路に待受け、社稷《しゃしょく》のため、不倶戴天の讐《あだ》を報じ、云々」と後藤を励まし、後藤また復書において「行われざる時は勿論生還するの心ござなく候。しかし今日の形勢により後日挙兵の事を謀り、飄然《ひょうぜん》として下城致すやも計られず候えども、云々」と決心のほどを告げている。坂本が一方に薩長の提携→武力倒幕の画策を進め、他方において後藤を励ましながら平和裡の政権奉還を推進した心事は微妙な問題とされるところであるが、少なくとも後藤に比べるならば、武力倒幕の必然性と緊急性を洞察することにおいて、より切実であったことは、この応酬の中からもよみとることができる。後藤の側では、ことが成功しなくとも、なお手を打つべき余地は多分にあると見ていたようである。しかし、いずれもがこのさい、大政奉還論の大芝居を強行することの必要性を感じていたことは共通している。西郷や中岡や坂垣らが、武力一本槍でことを解決しようとしていたのに対し、彼らはその海洋型の発想にもとづく筋書を芝居の一幕につけ加えることを必要な段階と考えたようである。しかも、彼らといえども、実力＝武力をともなわない政略がありえないことを知っていたとするならば、この一幕は結局何のためであったかが問題となる。

この問題を維新史とその後における明治政治史の脈絡において正確に見きわめることは筆者の能力には余る。それは、一方では坂本、後藤の政治思想をより厳密にとらえる必要をともない、他方では自由民権運動から大同団結運動にいたる「公議政体論」の行くえを薩長土を中心とする藩閥対立の歴史の中でとらえ直すことを必要とする。しかし、ここでは、それらの問題に関する試論を展開するゆとりはない。ただしめくくりとして、坂本、後藤の演出したこの大芝居が、結局どういう結果をもたらしたか、そのさい、後藤の進退にはどういう特長があらわれたかを見るにとどめたい。

後藤の政治理念の限界

大政奉還の上表により、薩長を中心とする討幕派は当面その名分を奪われ、後藤の画策は図に当ったかに見えた。武力倒幕がもしそれ以前に行なわれるならば、たとえ板垣らがこれに応ずるとしても、その結果は到底薩長の支援というにとどまり、土佐藩としてははるかにその後塵を拝することになるほかはない。板垣が焦慮したのも、後藤が幕府閣僚の速かな大政奉還の決断を迫ったのも、結局藩の威信向上をめざした点では同様であった。後藤らは幕府に政権を返上せしめたのち、列藩代表者の会議によって政治を行なうこと、その会議の首長として徳川を就任せしめることを暗々裡に予定していたが、それは別の角度からいえば、二、三の雄藩、とくに薩長の勢力が朝議を独占することを阻止する目的をもっていた。建白運動の過程でしばしば用いられた「公論」「公議」の含みは、端的にいえば土佐の立場からする薩長両藩の独走体制への警戒ということであった。

他方、薩長の側では、一たん土佐藩に政局の指導権を委ねるかにみせて、裏面では大久保、西郷らの討幕の画策が着々とすすめられ、ついに十二月九日のクーデター、王政復古の大号令となったことは周知のとおりである。それが土佐路線の進行を阻止する明確な挑戦であったことは、十二月九日夜の小御所会議において、山内容堂、後藤象二郎らと岩倉具視、大久保利通らの間に交された大激論によっても明らかである。後藤はすでに大政を奉還した徳川家に対し、その出席をも拒んで辞官納地を強要せんとする朝廷の措置は「陰険なり、今日王政復古、公正その主要たり、然るに却て公正を失い、陰険を行う、もっとも不可なり」（『明治政史』）として争ったが、結局容堂刺殺を覚悟していた岩倉らの圧力の前に破れてしまった。容堂や後藤はその後も幾つかの建白や運動によって、現在わずか四、五藩の諸侯しか上京していない場合、国政の基本（とくに徳川家の処置）を決定するのは不当であることを主張し、執拗なまきかえしを図っているが、すでに薩長の兵力が京阪周辺に進出し、朝廷そのものもその同志の公卿によって固められた条件のもとでは、有効な抵抗策たりえなかった。この間の事情を三宅雪嶺の文章によって見ると――

「なお容堂をはじめ倒幕を忌むもの少からず。なるべく幕府と薩長の衝突を緩和するを欲し、即ち国家の見地より内乱を不利益とし、自藩の立場より薩長の専横を不利益とし、まず将軍をして大政返上を奏上せしめ、薩長の討幕運動を未然に防がんとせるに、薩長において将軍の奏上に乗じ、幕府を凌辱し、その堪うる能わざるところに出ず。容堂はしきりに不平を唱うるも、薩長を制するの力なし。坂本及び中岡にして存在せば別になんらか画策し、相応の地歩を占めたるべく、不幸にして二人は十一月十五日、京都川原

町にて殺害せらる。」（『同時代史』第一巻）

こうして鳥羽伏見の戦いとなって後は、事実上土佐藩の構想は敗北し、後藤の政治行動も、少なくとも表面においては、薩長、とくに薩摩への追従とかわりないものとなって行く。三宅雪嶺の批評は左のように後藤にきびしいものであった。

「後藤は坂本の如く薩長に信ぜられず、弐心《にしん》を疑われ、さりとて幕府の枢機に与かり難く、鷸蚌《いっぽう》の争に漁夫の利を求めて得ず、薩長と共にするか、幕府と共にするかのほかなきに至る。当時後藤は弁才に秀で機略縦横いかなる奇策を敢てするか、薩長のために頗る憚られたるが、予期ほどに活躍せず、素直に追随するを以て軽んぜられ、ひいて藩主容堂も軽んぜらる。もし諸侯会議のごときに止めず、廃藩置県を標榜して運動したらんには、急に賛成をえずとも、名正しくして事順、一方に幕府を廃し、一方に薩長の専横を抑制するに力ありたらん。後藤が五万石を以て釣られしというを事実とせば、廃藩置県を前にして眼の利かざるも甚し。後藤は機会主義の雄材にして、ある機会に風雲を起す代り、眼前必至の勢を見ずして過ぎ、最も機敏なるとともに最も迂闊なり、云々」（同前）

たしかに、後藤がもし幕府の倒壊ののち、新たに藩閥がこれにとってかわることを阻止しようとしたのなら、むしろ廃藩＝封建制廃止を率先提唱することによって、薩長の武力行使の成果を無効たらしめ、まさに政治思想の新しい水準に問題をみちびくことによって、藩閥専制の出鼻を挫くことができたかもしれない。しかし、彼の政治行動は、すでに見たように、一つには藩間抗争の意識につよくとらえられており、もう一つは武力が政治的動乱期においてもつ意味についてこれを過小視していたところがあった。薩長の場合には、その特異な封建割拠を背景として、幕府打倒のために武力行使の実効性を早くから疑わず、封建廃止のことは現実の政治課題としては事後の問題としか見ていなかった。否、封建廃止の問題は、幕府討滅の目標のかげにかくれて、十分に意識されることさえなかったといえよう。その課題は、彼らが中央政府の権力を握ってのち、その権力維持のためにはじめて現実の政治問題として生じたにすぎない。土佐藩がその武力倒幕反対の立場から、反薩長路線を有効につらぬくためには、たしかに廃藩置県にまでその政治構想を深化することしかなかったはずである。

こうして明治維新政権における土佐藩の立場は、わずかに名目的な勲功が認められるにとどまり、権力核の実質的構成部分には参加せしめられていないといえよう。明治以後における後藤の経歴や、老友板垣退助の政治的生涯はそのことを示しているように思われる。

■高山樗牛　一八七一〜一九〇二

高山樗牛――挫折した明治の青春

ドイツの著述家がよく使うことわざに「クロプシュトックの名を知らない人はいない、しかし、クロプシュトックを読む人はいない」というのがある。一時は一世を風靡する文名をうたわれながら、後世にはその名前だけがいたずらに有名で、もはやかえりみられることのない文学史上の人物を形容して辛らつであるが、わが高山樗牛《たかやまちょぎゅう》にも、いまはいささかその趣があるかもしれない。しかし、かつてはそうではなかった。樗牛の文章が文字どおり一世の青年を魅惑し、庶民的な一般性さえもったことがあった。

「樗牛の終る年の秋、鎌倉に居った時分にあるとき一人のお婆さんが訪ねて来た。ぜひ樗牛先生にあいたいという……そうして言うのには、私は何も知らぬ者であるが、私の子息が常にこの本を読んでいるので、何気なしにその傍で聞いていると（筆者注＝当時はまだ音読の習慣がのこっていた)、何となし心にしみじみ感じて非常に動かされたので、一体何人の作った本であるかと子息に問うと、これはかくかくの人の作である。しかしこの人は今病気で鎌倉に養生していると聞いたので、俄かに憐れみを覚え、悲しくなって、そんな方ならばぜひ病を助けてあげねばならぬ、自分もかつて大病であったが、ある呪ないにて直ったから、この呪ないをぜひ高山先生に告げねばならぬと言って、子息のとめるのも聞かず、博文館からやっと先生の住所を聞きただして、今朝下谷《したや》からわざわざ参ったのであると、なかば涙ながらに語ったのであった。しかしてお婆さんのもっとも感じたというのは『わが袖の記』と『姉崎嘲風に与ふる書』の一部であったとのこと。」(斎藤信策「亡兄高山樗牛」)

また、近松秋江は、樗牛の文章が当時の青年の心をとらえたありさまを次のように書いている。

「私が初めてあれを読んだときの心持はいうにいえぬ。……その時はただ何かなしに、胸がおどったのだ。動悸がしたのだ。それとともに、いまいましいような、早くどうかしなければ、とりにがすような心地がした。」(「故高山樗牛に対する吾が初恋」)

樗牛を重んじない人々も当時から少なくはなかった。しかし、彼らもまた、樗牛の「魔力」を認めないわけにはいかなかった。

「大体小生は高山氏をもってあまりえらき人とは思いおらず候。しかしながら、君の筆に一種の魔力あり、君の思想に一種の創見あるは争うべからざるところにて、これはやがて君の生命に何ものかが潜みおりし故と存じ候。この何ものかを解釈致し候わば、高山氏の位置は明瞭することと信じおり候。……この何ものかが一度《ひとた》び君の雄渾なる筆によりて発表せられ候や、一代の青年は君が風靡するところとなりしも宜《むべ》なりと申すべく候、しからばその何ものとは畢竟何ものに候や、そは明言致しかね候ゆえに何ものと申候次第なれども、かりにこれを字句にあらわせば、内部生命とも申すべきか、この内部生命はまた常に何ものかを求めて、君をして静止するあたわざらしめしものと存じ候。……しかして高山氏の内部生命はあたかもこの時代の要求と一致して活動致したるものにて、君の精神状態は直ちに当代の精神状態と申すべきやに考えられ候。」（戸川秋骨「高山樗牛氏」）

かつて「樗牛全集は青年学徒の必ず通過する人生鉄路の停車場」（笹川臨風）ともいわれ、正宗白鳥のような老成の思想家さえ、その全集を読みかえしたときは、それがまさしく「青春の書」であることを認めないではいられなかった（『明治文壇回顧』）。

しかし、その半面、それは「青春の書」であるがために、かえって冷淡に取り扱われるという運命をもさけられなかった。中村光夫が、次のように書いている。

「樗牛は我国の近代の批評家のなかでは空前絶後の人気を持った人で、同時代にたいする影響が強すぎたために、後代から反撥を買って、文学史の上では損をしています。」

(『現代日本文学史』)

それはたとえば「樗牛の愛読者は青春の血のもえている間のことである。老境に入ってなお樗牛全集を座右におくという人は少しおかしいようである」という岡崎義恵《よしえ》の言葉が、個人的な次元ばかりでなく、文学史の次元でもあてはまるということかもしれない。老人が少年期の心をまともに語ることを大人げなく思うように、大正・昭和・戦後の文学をたどって来た近代日本文学史は、なるべくなら、樗牛という有名で未熟な存在のことを、あっさりと記述するにとどめておきたい、と感じているかのようである。その意味で、樗牛は損をしている、しかしまたそれは、日清・日露両戦役間の「精神状態」が、同様に曖昧な「若さ」をもっていたことと無関係ではないはずである。

二十世紀の少年帝国

樗牛の活動時代は、ほぼ日清・日露の「両戦役間」時代にかさなっている。彼をして「椽大《てんだい》の筆」をふるわしめたものは、この時代の「内部生命」の衝動にほかならなかった。

この十年間の日本の「精神状態」はふしぎな明暗にいろどられていた。いわば青年ファウストのように「二つの魂」をいだいたという印象である。あるいはまた「素朴と感傷」が共在し、倨傲《きょごう》と純情が交錯していたともいえよう。その意味で「シュトゥルム・ウント・ドランク」（疾風怒濤）の時代であり、すべてナイーブな青春の表情にあふれた時代であった。

　そのころの日本国民は、いわば無垢の虚栄心と、いじらしい敵愾心にもえた存在であった。三国干渉いらいの「英獅露鷲」への敵意は、ボーア戦争、北清事変、ロシアの南下政策等々によっていっそう亢進し、白鞘の短刀を引き出しにしまっている純情で小心な少年のように、ひたぶるに白人侵略者の気配を見はっていたという印象である。もちろん日本自身も「帝国主義の観兵式」といわれる北清事変には大兵を派遣して参加した。しかし指揮官はドイツ人にゆずって、そのことで「日本のビスマルク」伊藤博文が、夜も眠れないほど憤怒したということもあった。要するに、けなげという形容がぴったりするような、まだういういしい二十世紀の少年帝国であった。

　のちの無政府主義者大杉栄は名古屋幼年学校生徒として、対露復仇戦の煽動に血をわかせていたし、のちのマルクス経済学者大内兵衛も、淡路島の小学校で毎日連隊旗の写真に礼拝しながら、海軍士官を志していたという時代である。日清戦争後の国民意識の高揚といわれるムードの中で、しかし日本はまだそれほど軍国主義的というのではなく、むしろ平和な成長期にあった。生方敏郎の表現でいえば「二十世紀を迎えると、やはりなんだか日本が文明に進み、自分たちもいくらか偉くなったような気がした。実際自分たちの身も魂も、一日一日、一月一月とむくむくと成長する時代だった。日本もやはり月々年々、前へ前へと進んでいた」(『明治大正見聞史』)というのが、当時の少なくとも中間層青年群の平均的な心理的現実であったといえよう。

社会も大体平和であった。人殺しなどが何カ月にもわたって話題になるほど、まだ世の中には殺伐な空気は少なかった。要するに、日露戦争後の社会に表面化した「時代閉塞」の感情は、まだ一般的ではなかった。

こうした楽天的気分が絶頂に達するのが明治三十五年(一九〇二年)の日英同盟である。その時ほどのはれがましい有頂天は、もはやその後の日本の歴史には見られなかった。それが日露戦争を意味することはすぐに理解されたけれど、国民心理には、国際社会における地位の向上として、むしろ無限にその無垢の虚栄心にこびる要因であった。

しかし、もう一つの日本のイメージがある。それは、日清戦争後に進行した産業社会化のいちはやい病理に煩悶する日本という肖像である。

「日清戦争は多くの投機師をして巨利を攫取《かくしゅ》せしめたり。日清戦争そのものがすでに大いなる投機事業なりき、しかも運命は日本軍をして勝利の虚栄をになはしめたり。国民の投機心は押へがたくなりぬ、企業熱は勃興し来りぬ。実業！　実業！　黄金！　黄金！　てふ従来の叫びはここに狂乱の如く沸き来りぬ。（略）

日清戦争てふ大なる投機に勝てる日本の社会は、ことに上流社会はにはかに虚栄心を増長せしめたり。しかして彼らの虚栄心を満足せしむるものはただ〈奢侈〉と〈華美〉とにありき。」（石川旭山・幸徳秋水『日本社会主義史』）

松原岩五郎の『最暗黒の東京』（明治二十六年）、横山源之助の『日本之下層社会』（明治三十二年）に描かれたような下層社会の悲惨の上に、「〔戦争後一年間に〕営利資本の増加せるもの株式会社において八千百万円、銀行において一億四千八百万円、鉄道において四千八百万円、しかして総計二億七千七百万円」（『日本社会主義史』）という急激な資本の蓄積が進行していた。

しばしば樗牛の「国家主義的ロマンチシズム」に対比される民衆的ロマンチシスト田岡嶺雲が「富む者はいよいよ富み、貧しき者はいよいよ貧す、富む者は常に楽しみ、貧しき者はつねに苦しむ、朱門の家馬常に肥えて、菜色の丐徒《かいと》累々道に満つ」と書いたのは日清戦争直後の社会のことであった。社会民主党が結成されたのも（即日禁止）、幸徳秋水の『帝国主義』があらわれたのも、まさに二十世紀第一年、明治三十四年のことであったが、その序文には、樗牛の論敵内村鑑三が次のように記している。

「……朝に一人の哲学者ありて宇宙の調和を講ずるなきに、陸には二十三師団の兵ありて剣戟《けんげき》いたるところに燦然《さんぜん》たり、野には一人の詩人ありて民の憂愁を医《いや》すなきに、海には三十六万屯《トン》の戦艦ありて洋上事なきに鯨波を揚ぐ、家庭の紊乱《びんらん》その極に達し、父子相怨み、兄弟相せめぎ、姑媳相侮るの時に当て、外に対しては東海の桜国、世界の君子国をもって誇る、帝国主義とは実にかくのごときものなり……」

青年たちは一方では茫洋とした英雄主義にみち、ナポレオンやワシントン、ハンニバルやネルソンを夢みていた。しかも、そうしたナイーブな豪傑主義の青年たちが、そのまま「懐疑、煩悶、苦悩、憂鬱」の主人公であったことも事実であった。「一方においては失望的で現世的で肉慾主義であると同時に、他方においては、希望的で向上的で厳正主義で、まだ統一と秩序と中正を見出しえない」(「新声」明治三十四年一月)という滑稽と悲惨の様相こそ、樗牛が一世の青年にうけ入れられた心理的基盤であったといえよう。樗牛その人もまた、その外面の高慢な大様さにかかわらず、時代のそうした、「虚栄」と「華美」、「煩悶」と「懐疑」を一身にそなえた人間にほかならなかった。

「予は矛盾の人なり、煩悶の人なり、予が今日までの短き生涯は、実にこの矛盾煩悶のうちにすごされたり。」(明治三十四年五月「姉崎嘲風に与ふる書」)

「日本主義」と「国家主義」

樗牛は若い島帝国の虚栄と膨張主義的側面を代表するイデオローグとして論壇に登場した。明治三十年五月、「太陽」記者となった樗牛は、まず「日本主義」を同月の「太陽」誌上に発表し、いらい、明治三十三年六月の「十九世紀総論」にいたるまで、大小数十編の論文によってその「日本主義」を鼓吹した。そしてとくに内村鑑三らキリスト教民主主義者に対する攻撃に力をそそいだ。

このいわゆる「国家主義の時代」の樗牛は、中村光夫のいわゆる損な役まわりに当たったといえよう。彼が師井上哲次郎の「基督教いじめ」の片棒をかついだという印象は否定しえなかった。それが彼への憎しみとなり、樗牛＝日本主義の等式は、その後久しく民主主義者の攻撃の目じるしとされた。

それればかりではない。太平洋戦争の戦前と戦中、樗牛はファシスト的文学論の好題目として回顧され、たとえば「樗牛の大東亜戦予言と米英撃滅」（高須芳次郎『高山樗牛』）という形で「皇国文学」史観の先駆者あつかいされたことが、ますます樗牛の名にいかがわしい印象を与えることになった。

樗牛自身はそのいわゆる「ニーチェ主義」「個人主義」時代を通じ、かなり深刻な思想変化を経験しており、「日本主義時代の思想が、僕の本然の皮相なる部分の発表にすぎなかったことが今から思われる」（明治三十四年六月六日付、姉崎嘲風あて）という意味のことを、沈痛な態度でしばしば述懐している。

にもかかわらず、樗牛に対する反感や軽蔑をあらわすとき、樗牛の「日本主義」は恰好の素材とされるのがつねである。もちろんそれは、一般に日本ナショナリズムの論議がいまにいたるまで歴史的な回想をたえず喚起する形で、憎悪と軽蔑の感情を相互にともなっていることに関連する。

ここで問題となるのは、彼のいわゆる「日本主義」から「個人主義」への転換をどのようにとらえるかということである。その場合、その「日本主義」との矛盾を論理的に指摘し、いずれもの曖昧性を嘲笑することはやさしいが、それでは樗牛論の興味は初めから減殺されてしまう。むしろその二主義を統一的にとらえる視点を見出すことが、今後の樗牛論の一方向ではないかと私は思う。たとえば、彼の「日本主義」の中に、その後の「個人主義」の等価を見出すことである。彼はその「国家至上主義に対する吾人の見解」（明治三十一年一月）にいう――

「人生の目的は幸福にあり。国家至上主義はこの幸福を実現する方便なり。この方便なるの一事、これ国家至上主義の見解において見のがすべからざる要諦なり。世上の誤解多くはこの主義をもって人生の目的となすよりおこる。幸福以外に人生の目的あるべきいわれなし。」

樗牛のこうした発言をとらえて、内村鑑三は、「詐偽師に類する行為」と批判し、その詭弁性を鋭く衝いている。しかし、樗牛の国家論は、むしろその当初から、かなり楽天的な、国家＝方便の思想に基づけられたものであった。

「人生の目的は完全なる幸福に存し、完全なる幸福は人生の円満なる発達に外ならず、その家族を作り、社会を組織し、さらにこれを統率するの国家を結成す、ただこれ目的地に到達するの方便にすぎざるなり。」（明治三十年六月「日本主義と哲学」）

樗牛において、国家価値の絶対化（＝自己目的化）はむしろ主張されていない。価値的に絶対的なるものは、いかにも上昇期の産業資本主義社会にふさわしい個人的功利と幸福の理念であり、国家価値はその目的合理性の見地から形式的に主張されているにすぎない。いわば現実の日本国家の合目的性が形式的に承認されるかぎり、樗牛はその価値達成の手段として国家の体制的価値を承認するという形である。彼の志向対象は、むしろ終始ブルジョア的な人間価値におかれていた。

しかし、こうした国家価値の相対化は、植民帝国主義の主張においては、手段価値としての国家権力の絶対化に転化している。「我国体と新版図」（明治三十年十月）、「帝国主義と植民」（三十二年三月）などにおいては、樗牛はまさにありふれた国家主義者・帝国主義者として語っている。しかし、その場合でさえ、彼は国家価値の神聖化にその有効性という形式的限定を付している。

「今や吾人は台湾に於て新版図をえたり。この時に当りて、台湾の土蛮と吾人とが同一血族にあらずとの意識は、これ新版図の統一上果して幾何《いくばく》の障害たりうべきか。吾人もしこの祖国の観念にもとづける強盛なる権力を挟んで、これに臨み、しかもなおこれを統治する能わずとせば、吾人はすでに初めよりこの新版図を収容するの能力なきなり。」（「我国体と新版図」）

究極価値としての「人間の幸福」と「方便」価値としての国家権力との矛盾が媒介されうるのは、樗牛においては、新帝国日本の政治価値に対するその主観的（＝感傷的）共感が存在しうる限度において、であった。それはかなり空虚な、きわどい心情的結び目であった。いわば樗牛の主情的共感がなんらかの理由で失われるとき、そこから一切の国家価値から解放された主観の噴出を容易に期待することができた。

樗牛が「自分はもとより社会や国家の存在を是認する。しかしながら吾人は彼らの君主であることを忘れてはならぬ」（明治三十五年三月「静思録」）というとき、それは見かけ上の大転換ではあっても、その価値意識の構造においては、それほどおどろくに当たらないはずである。

「個人主義」への転換

しばしばいわれるように、彼の「日本主義」から「美的生活を論ず」（明治三十四年八月）の「個人主義」「ニーチェ主義」「本能主義」への転換は、その「日本主義」に内在した論理的矛盾・困難の激化と、その人生上の挫折（発病、渡欧の中止）によると解釈してよいだろう。まず彼自身の述懐をみよう――

「この頃の僕の精神には、この一両年の間に醪醸し来ったかと思われる一種の変調があらわれて来た。人は病的というかもしれぬ。また自分でも境遇、健康等のために然るのかと思われるが、しかし僕は僕の精神の自然の発展と外信じえられない。……要するにロマンチシズムの臭味をおびている一種の個人主義たることは争われない。僕はかつて日本主義を唱えて、ほとんど国家至上の主義を賛したこともある。今においても、この見地を打破るべき理由は僕には持ちえぬ。ただかくのごとき主義に満足のできぬようになったのは、僕の精神上の事実である。」（明治三十四年四月二十五日、姉崎嘲風あて）

しかしここで興味があるのは、こうした思想変化が次のような鋭い自己批評にささえられていることである。

「……ああ吾人は自己の弱点をおおわんがために、知らず知らず自己の性情の欠如せるところのものを自己中心の信仰として発言することがないか、僕の過去は多少この趣があると今では思われる。君！ このへんのところをどう思われるか。」（同右）

これは、前にみた明治青年の二つの魂の矛盾から生まれる意識しない倨傲、偽善の知的自覚とみてよいであろう。樗牛の功名心の激しさとその高慢さは、彼の友人たちのほとんどすべてがその被害者として語っているところである。いわばナイーブで強靭なはったりと、才気にまかせた向上心の化身というべきものが樗牛のパーソナリティーの一部であった。そして、それはまた敏感な同時代の青年たちの行動様式に共通のものでもあった。いま、樗牛はその不遇の中で、はじめて自己の存在そのものに直面することになる。そして、その場合、もっとも有力な自己批評の武器となったものが、ハイネではなかったかと私は思う。

樗牛のハイネもまた（ニーチェもそうであるが）たとえば田岡嶺雲のハイネに比べても、その理解の甘さ、政治的洞察の欠如が批判されるのがつねである。ハイネの嘲笑の革命的鋭利さは、樗牛においてはただの感傷に転化しているではないか、というわけである。これも間違いではないだろう。とくに樗牛の場合、「わが袖の記」という美文調の感想文によって、そのハイネが一般化されたという弱味があり、それは樗牛のハイネにひどく大甘のものという印象を与えてしまった。しかし、そのように感傷化されたとはいえ、ハイネが樗牛の自己批判の知的深化にかなりの影響をもったことは間違いないと私は思う。いわば感傷による自己批評という近代日本文明の一つの原型が樗牛において明らかにあらわれている。そしてこれを笑いうる思想家は少ないはずである。

斎藤信策は、亡兄が大学時代から愛蔵したハイネ詩集のうち、傍線や感嘆符の引かれている個所をあげて、それがほとんどすべて自嘲の詩句であることを示している。樗牛のような意味で倨傲な精神にとって、ハイネの自己嘲笑がたんなる詠嘆として受けとられたとは信じられない。たとえば、次のようなアレゴリカルな自己批評は、ハイネ的な、ないしドイツ・ロマン派的な毒素の浸潤を十分に暗示すると思われる。

「自分は自分の心の苦しみの何ものなるかについては別に語るを要しない……しかしすでに醸しえたる心の苦しみそのものの儼然《げんぜん》たる事実なることにおいては、ついにいかんともすることができぬ……自分は自分の存在の根柢がある悪魔の手斧によりて打たれつつあるように感じた。自分は暗黒の中に立ってこの悪魔と格闘を試みたが、自分の力が勝てば勝つほど自分の胸の苦しみはますます激しくなる。自分は自分の剣をもって斬るところの敵は、自分の胸にあることを忘れたのだ。自分は愕然として胸に手をあてた。そして自らの刀の痕より混々として流れ出づる血潮によりて自分の喉をうるおしたとき、悪魔の声はわれ自らの声のごとく〈吾は汝なり〉と勝ち誇りげに自分の心の耳に囁いた。——ああその後の自分はどうなったか、また、どうなりつつあるのであろうか、自分は多く語るに忍びない。」（明治三十五年三月「静思録」）

これは、ほとんど、のちの自然主義的精神を思わせる自己批判の形式である。そして、そうした傾向の深化とともに、彼の国家批評、文明批評にも、従来の樗牛になかった現実性と、あえていえば、はじめての政治性とがあらわれてくるのである。

「本邦思想界の現状について何ごとをか君に言い送るとせば、そは吾が不幸を書き列ぬるに外ならざるべく候……天皇神権説は今日においてもなお青年法学者の頭脳を支配しおるは意外にも事実に御座候、祖先教に基ける国体論は、国家主義とならびて、倫理学者の金科玉条たることも依然としてもとのごとし……ああ郷国のこと傷心すべきもの何ぞ一にかくのごとく多きや、想いやるだに心苦しき限りに候。神の物をもその有となさずんばやまざるカイザルの国において個人はただ一個の頭顱《とうろ》を有するのほかに何らの価値をも認められざるなり。これをもって吾は思う、当代文明の革新は社会の上下にゆきわたれる現世的国家主義の桎梏を打破するにあり。」（明治三十五年九月「感慨一束」）

ここにいう「現世的国家主義」こそ、樗牛がかつて方便として主張した国家権力そのものの現実性を意味している。いま彼の主張するのは「完全なる幸福」という究極価値の理念に照して、その現実国家を否定することにほかならない。日蓮に仮託して、彼はさらに次のようにいう――

「彼にとりては真理は常に国家よりも大なり、これをもって彼は真理のためには国家の滅亡を是認せり。否、かくのごとくにして滅亡せる国家が、滅亡によりて再生すべしとは彼の動かすべからざる信念なりしなり。」（明治三十五年六月「日蓮上人と日本国」）

すでにこれは、たとえば大逆事件判決を聞いて「日本はダメだ」と叫んだ石川啄木の絶望とそれほどかけはなれてはいない。彼の晩年におけるニーチェ主義も、日蓮主義も、樗牛の現世国家批判の仮託として解することができる。そのニーチェ理解の浅薄さを大正教養主義的に指摘するなどは、この場合はむしろ二義的な意味しかないと私は思う。

樗牛死後八年、石川啄木は「時代閉塞の現状」（明治四十三年八月）において、「明日の考察」を行う予備的検討のために、明治青年たちの自己主張とその挫折のあとをたどり、その失敗因について考察している。彼によれば、日清戦争後に始まる青年の自己主張は、まず樗牛を先頭とし、綱島梁川《りょうせん》らの「宗教的実験」をへて、自然主義運動にいたっている。啄木はいずれも既成国家権力との対比においてとらえ、問題の視野から一ときも国家は見失わないことにおいて、比類ない鋭さを示しているが、樗牛の挫折の理由については、次のように述べている。

「樗牛の個人主義の破滅の原因は、彼の思想それ自身の中にあったことはいうまでもない。すなわち彼には、人間の偉大に関する伝習的迷信が極めて多量に含まれていたとともに、一切の〈既成〉と青年との間の関係に対する理解がはるかに局限的（日露戦争以前における日本人の精神的活動があらゆる方面において局限的であったごとく）であった。そうしてその思想が魔語のごとく（彼がニーチェを評した言葉を借りていえば）当時の青年を動かしたにかかわらず、彼が未来の一設計者たるニーチェから分れて、その迷信の偶像を日蓮という過去の人間に発見したとき、〈未来の権利〉たる青年の心は、彼の永眠を待つまでもなく、早くすでに彼から離れ始めたのである。」

この解釈が正しいか否かはここでは問わない。ただ啄木の指摘する問題を含めて、樗牛が明治青年の一人として中途で挫折したまま、早世した人物であることはたしかである。彼の墓碑銘にいう「吾人は須《すべから》く現代を超越せざるべからず」の言葉は、「現世国家」とともに、樗牛自身を越えることをも命じたものであったはずなのに。

しかし、ではわれわれは果たして「われらの時代」を越えているであろうか――それがこの青年論客の生涯がわれわれに問いかける唯一の問題である。

乃木伝説の思想――明治国家におけるロヤルティの問題

其像は大きくしてその光輝《かがやき》は常ならず、その形は畏《おそ》ろしくあり、其像は頭《かしら》は純金、胸と両腕とは銀、腹と腿とは銅《あかがね》、脛《はぎ》は鉄、脚は一分は鉄、一分は泥土《つち》なり。

――『ダニエル書』

1

乃木大将の名前が世上の記憶から消えて久しい。とくに戦後小学校に入った二十代の人々は、まず殆んどその名前を知らないといっていいだろう。たまたま映画で知ったとか、乃木夫妻にゆかりのある土地に育ったとか、父老にその話を聞いたことがあるという人々が「偉い軍人」という漠然としたイメージをいだいているにすぎないようである。しかも「軍人」というイメージさえ、若い人々にはもはや自分たちとかかわりない抽象に転化しつつあると思われる。あたかも三十代以上の人々が、旧幕藩時代の話に感じるのと同じように無縁の感じがするらしい。

ある歴史的形象がどのようにして異なった世代の間にうけつがれ、そのさいどのような変化をうけるかということは、いわば「歴史におけるコミュニケーション」の問題、もしくは、一般に歴史意識の形成に関する問題として興味ある問題であろう。とくにわが国における歴史的形象の生態論は、明治の「開国」ののち、敗戦によって「第三の開国」とよばれる事態を迎えることによって、いちじるしくその複雑さを加えており、それだけに、多くの興味ある仮説の導入をも許容するはずである。私がここで「乃木伝説」とよんだものも、各世代における歴史意識の構造を測定するための絶好の素材にほかならない。

しかし、私の考えでは、問題は乃木に関する「伝説」がその後どのように解釈されてきたかという、近代思想史上の推移というばかりではなく、そもそもその伝説形成の背景となった思想状況の分析をとおして、なぜそれが一個の伝説にまで結晶されたかを追求することをも含むと思われる。その問題は、のちに述べるけれども、明治国家を奥ふかいところで支持したロヤルティの構造に関連をもつはずであり、明治国家の、やはり存在論にふれてくるはずの問題である。

乃木自刃の報はその夜のうちに都内にひろがったようである。森鷗外は青山斎場からの帰途これを聞いているし（後述）、尾佐竹猛は東京地方裁判所の宿直室でこれを耳にしている。尾佐竹の記述によれば、当夜の宿直員たちの間に、たまたま殉死の雑談が出たという。

「やがて私は話題を転じて、古えは殉死ということはあり、下りて徳川時代となっても、将軍の死や大名の死でも、殉死があったものだ。しかしこれも歴史上の物語りに過ぎぬと何の気もなしにいったのであった。すると同僚は、また尾佐竹の史癖が始まった。時勢は変った、如何に恩寵を辱《かたじけの》うした重臣でも、そんなことを夢にも考えて居るものはないよ、と冷評的にいわれたのであった。（略）斯くして暫らく時は経ったのである。そのとき、あわただしく隣室より顔色を変えて飛び込んで来たのは、（略）『オイ君の予言は当ったよ、乃木将軍は殉死だ』という。私は私の耳を疑ったのであった。（略）斯くて、事の真相が知れるに至って、私は飛び上らんばかりに驚いたのである。冷水三斗を頭から浴せられたともいうべきか、何とも形容の出来ぬ驚きと、現代に有り得べからざる奇蹟の実現と、そして敬仰の念とに打たれたのであった。」（渡部求編著『青年時代の乃木大将日記』の序文）

ここに記された尾佐竹の「まさか？　いや、あるいは？」という最初の反応は、後述の鷗外日記にも歴然とあらわれている。「予半信半疑す」という箇所がそれである。そしてそれが、自刃の第一報に接したおそらくすべての人々の実感であったろうと思われる。

生方敏郎の『明治大正見聞史』は、明治天皇御大葬当夜の一新聞社に乃木自刃の第一報が入ったときの混乱を、生き生きと描いているが、そこでも、一通信員の電話は悪戯として怒鳴りつけられ、三度目に初めて乃木邸への照会が行なわれている始末である。いわば人々は、明治国家の終焉とともに、その存在のみせかけの原理と異なる別個のあるものが、実は明治の奥底に生きていたことを一刹那のうちに反射的に想起しえたはずである。しかし、それが何であったかということは、おそらくまた少数の人々以外には意識されなかったし、一瞬人々をとらえたその眩瞑《げんめい》もそれ以上追求されることはなく、たちまち当世的な常識によって、乃木の死を封建的殉死の既成概念のうちに封じこめ、「偉いかもしれんが縁がない」という態度で見送ることになる。もちろんそのさい、「軍神」という曖昧なレッテルが封印の用をなしたのである。

生方の記述によっても、その夜の新聞社はほとんど乃木罵倒に終始している。社長からして、「乃木が死んだってのう、馬鹿な奴じゃ」と言っているし、植字工、校正係、編集記者等々、連日の不眠の鬱憤のはけ口を見出したかのように、乃木への嘲弄的論議が横行した。とくに、赤旗事件の関係者であった「文壇の名物男Y君」（安成貞雄のこと）のごときは、旅順戦、西南戦に遡って乃木の無能を痛撃し、「自分の子供を失ったということは、数万の兵卒を下らなく戦死させた過失を決して賠償しない」と論じて、乃木弁明のための最有力な根拠をも容赦なく攻撃した。全体、生方の記述を見れば、ほとんど嗜虐的ともいうべき酷薄な悪罵がせきを切ったように氾濫したといってよい。

もちろん、そのことは、明治天皇発病いらい連日の新聞社の緊張と、明治天皇の死によってもたらされた一般的な感情的低迷とを背景として考えなければなるまい。乃木の訃報は、そのような鬱屈に対する絶好のハケロとなった恰好であるが、少なくとも、反面において、乃木が早くからある嘲弄のためのシンボルとして内在化されていたことを思わせる。（東郷平八郎が自刃したらそうはいかなかったであろう。）

乃木殉死の内容が公表された日、大正元年九月十七日の「大阪朝日新聞」天声人語欄は、山川健次郎と思われる某博士の乃木礼讃を紹介したのち、次のように書いている。

「倫敦《ロンドン》の急進新聞デーリーニュースが、乃木大将の死は、近代的懐疑論者にサムライの信条を復活せしめんとするものであるといったのは、自分の立場を離れて公平に観ている▽そうかと思うと外人が哂《わら》うだろうなどと気を揉む日本人もある、世は様々だ。」

ここにさりげない形でいわれた「世は様々だ」の内容は、想像以上にひろく深い断層の所在を明らかにした。いわば乃木の死に近代日本のスキャンダルを感じとった人々も決して少なくなかったはずである。『明治大正見聞史』の記述にもその感があるが、別に次のような感想がある。

「乃木さんが自殺したというのを英子からきいた時、馬鹿な奴だという気が、丁度下女かなにかが無考えに何かした時感ずる心持と同じような感じ方で感じられた。」

これは志賀直哉の同年九月十四日の日記である。いかにも志賀らしい感じ方で感じられたものというほかはないが、そこにはどこか福沢諭吉の楠公権助論《なんこうごんすけろん》を思わせるところと、逆に諭吉の歴史理解と比べものにならない浅薄さを思わせるところとが感じられる。ともあれ、志賀ばかりでなく、武者小路を先頭とする白樺グループにとって、乃木の自殺はまさにかんにさわるほどの愚劣さとして受けとられたといえよう。

武者小路は大正元年十二月の『白樺』に「三井甲之《こうし》君に」という一文を書いている。

「ゲーテやロダンを目して自分は人類的の人といい、乃木大将を目して人類的の分子を少しももたない人というのは君には不服なのか。（略）そうして君は乃木大将をロダンと比較して、いずれが人間本来の生命にふれていると思うのか。（略）乃木大将の殉死が西洋人の本来の生命をよびさます可能性があると思っているのか。（略）理性の如何に尊重すべきかを知る時に、（略）なぜ主義のために殉ずる人のように自己に権威を感ずることなしに〔大将が〕殉死されたかがわかるだろう。かくて自分は乃木大将の死を憐んだのである。（略）ゴッホの自殺はそこにゆくと人類的の処がある。云々」

これもまた、いかにも武者小路らしいというほかはない感想であろう。乃木はまさか己の自殺がゴッホと比較されようなどとは夢想もしなかったであろうが、「乃木大将の殉死は、ある不健全なる時が自然を悪用してつくり上げたる思想にはぐくまれた人の不健全な理性のみが、讃美することを許せる行動である」という言葉に対しては、おそらくその意味を理解しなかったであろう。かりにその文意を解しえたとすれば、乃木は、自己の生涯を含めて、幕末、明治初年の時代はもとより「不健全」であったと答えたかもしれない。しかしまた、この時代に明治天皇の国家が形成されたと答えたかもしれない。

大正期に入ると、白樺のこの熱烈な人道主義のより薄められた痕跡と、より複雑な懐疑から生まれたもう一つの乃木像がある。ここでは乃木は、ゴッホならぬレンブラントとの対照のもとにあらわれる。芥川龍之介の『将軍』（大正十一年）の場合がそれである。

この小説は当時なかなか評判がよかったといわれる。それは、たとえば、翌年の元老山県有朋の死が、一般国民にきわめて冷淡に迎えられたというような時代の文化主義的風潮からも理解しうるかもしれない。ともあれこの作品は、乃木像の大正期における代表的作例であったといえるものであろう。

一言でいえば、この作品にはある悲劇的なるもののかげが感じられる。そこにカリカチュアライズされた「将軍」がそうだというのではなく、おそらく作者の世代のシンボルと思われる文科の学生の側にそれが認められるという意味である。その終りのところで、かつて「将軍」の参謀として旅順戦に従軍した「中村少将」は、その息子と次のような会話をかわす。書斎には乃木にかわってレンブラントの自画像がかけかえられている。「あれもやはり人格者かい?」「ええ、偉い画描きです。」「N閣下などとはどうだろう?」——というふうに会話はすすめられる。レンブラントと乃木の対照はいかにもこっけいである。しかし、芥川の作品においては、武者小路の真向からのゴッホとの対比の場合には感じられないある陰翳が感じられる。青年は父に説明する。ちょうどその日、彼は自殺した友人の追悼会から帰って来たところであった。「無論俗人じゃなかったでしょう。至誠の人だった事も想像できます。唯その至誠が僕等には、どうもはっきりのみこめないのです。僕等より後の人間には、猶更通じるとは思われません。云々」

この青年の言葉もまた誠実なものであったことは疑えない。あたかもわれわれが、その頃「新人会」に集まった白面純真なすべての青年たちの誠実と善意を疑えないのと同じように。しかし、この青年の造型のなかには、その作者のモチーフをも含めて、ある種のたよりないものが認められる。作者がそのモチーフの効果を半ば確信し、半ば疑っているかのような機智性を私は感じる。「将軍」が遠い人間に感じられるのはなぜかと父に問われて、青年は答える。「何と云えば好いですか?——まあ、こんな点ですね、たとえば今日追悼会のあった、河合と云う男などは、やはり自殺しているのです。が、自殺する前に——」「写真をとる余裕はなかったようです。」「僕は将軍の自殺した気もちは、幾分かわかるような気がします。しかし写真をとったのはわかりません。まさか死後その写真が、何処の店頭にも飾られることを、——」

この殉死前日の写真撮影ということは、おそらくは殉死当時から、一部の青年たちの痛烈な批評の対象とされたものらしい。前記の武者小路の感想の中にも、それに関連したと思われる箇所があるが、いわばそれは乃木がなんらかの「テンプテーションに負けた」(志賀日記)とか、「偽善」とかのレッテルで取沙汰されたものであろうと思われる。しかし、このモチーフは強力ではないし、芥川自身どれほどそれを信じていたかを私は疑う。むしろこの作品で注目したいのは、この青年もまた、その「誠実」さをいえば少しも乃木とかわっていないというイロニイが、作者の意識には上っていないことであり、それは、作者自身の運命とあわせて、深い悲劇性を暗示するものとなっている。武者小路は乃木を憐んだ。そしてまた、のちに中野重治は芥川を「可愛想」に感じた。『将軍』は二つの憐みの結び目をなしている。

『将軍』に対してもっともてきびしい批判を加えたものに小林秀雄の『歴史と文学』(昭和十六年)がある。これもまた昭和期における乃木関係のエッセイとして見おとせないものであるとともに、乃木伝説における一つのサイクルの完了を思わせるものである。小林も、かつては『将軍』を読んで「大変面白かった」と感じた時代があったが、今は「どうしてこんなものが出来上ってしまったのか、又、どうして二十年前の自分には、こういうものが面白く思われたのか」むしろ「あれこれ考え」た、などと述べている。これもさまざまな意味で面白い問題を含む感想であろうが、『将軍』との関連でもっとも端的に小林のいいたかったことは、次のことであった。

「僕は乃木将軍という人は、内村鑑三などと同じ性質の、明治が生んだ一番純粋な痛烈な理想家の典型だと思っていますが、（略）そういう人にとって、自殺とは、大願の成就に他ならず、記念撮影は疎《おろ》か、何をする余裕だって、いくらでもあったのである。余裕のない方が、人間らしいなどというのは、まことに不思議な考え方である。云々」

これはある意味では、殉死当時にあったいま一つの感想――乃木の死のうちに、明治精神のもっとも奥深い相貌を想起した立場――への回帰を意味している。それは、森鷗外や夏目漱石らに代表される「痛烈な理想家」たちの立場である。このような乃木解釈の昭和期における転換は、小林より早く、すでに林房雄、浅野晃、保田与重郎らの日本ロマン派にその先駆をもっているが、ここではかれらの立場に言及する余裕はない。（たとえば、保田の「明治の精神」を見よ。）

2

私は乃木の自殺のなかに、現代では想像もできない性質の国家論をさぐりうると考える。あらかじめいってしまえば、乃木は近代国家としての日本というものを、その内面的な立場からは決して理解しなかったのだと考える。いいかえれば、乃木の明治国家は、明治天皇の人格的存在に内在するものとして、その同一化としてのみ考えられたのではないかと思う。

これはほとんど奇妙な解釈と見られるかもしれないが、私がそう考えるのには、若干の理由がある。まず何よりもその遺書の中の第一条と第二条、それから末尾の一節に注目する必要があろう。

「第一　自分此の度御跡を追ひ奉り自殺候段恐入候儀其の罪は軽からず存候然る処明治十年の役に於て軍旗を失ひ其の後死所を得度心掛け候も其の機を得ず　皇恩の厚きに浴し今日迄過分の御優遇を蒙り追々老衰最早御役に立ち候時も余日なく候折柄此の度の御大変何共恐入り候次第茲に覚悟相定候ことに候

第二　両典戦死の後先輩諸氏親友諸彦よりも毎々懇諭有之候得共養子弊害は古来の議論

有之（中略）特に華族の御優遇を相蒙り居り実子ならば致方も無之候得共却て汚名を遺すやうの憂へ無之為天理に背きたる事は致間敷事に候　祖先の墳墓の守護は血縁の有之限りは其の者共の気を附け可申事に候（下略）」

また、末尾の一段は、

「右の外細事は静子へ申付け置き候間御相談被下度候伯爵乃木家は静子生存中は名義可有之候得共呉々も断絶の目的を遂げ候儀大切なり」

第一条の趣旨は小笠原長生《ながなり》宛遺書にもくりかえされている。そこでもまた「小生此の度の処決は西南戦争以来の心事」であることが述べられているが、この点の解釈はのちにゆずって、さしあたり第二条と文末の一段とを考えてみたい。その場合、なぜ乃木が伯爵乃木家断絶を強調し、それをくりかえしているかということが問題である。自殺の覚悟と由来についてはほとんど一身のこととしてさらさらと書き及んでいるのに比べて、第二の文意には何かなぞめいた固執が感じられないであろうか。むしろ依怙地とさえ見える強調は何を相手に行なわれているのであろうか。

私はここで、もう一人の偉大な明治人であり、乃木の殉死に深い衝撃を受けた鷗外の遺書にある同じような不可解な固執を連想せざるをえない。それは次のようなものであった。

「余ハ少年ノ時ヨリ老死ニ至ルマデ一切秘密無ク交際シタル友ハ賀古鶴所《かこつるど》君ナリコ、ニ死ニ臨ンテ賀古君ノ一筆ヲ煩ハス死ハ一切ヲ打チ切ル重大事件ナリ奈何ナル官憲威力ト雖此ニ反抗スル事ヲ得スト信ス余ハ石見人森林太郎トシテ死セント欲ス宮内省陸軍皆縁故アレドモ生死別ルヽ瞬間アラユル外形的取扱ヒヲ辞ス森林太郎トシテ死セントス墓ハ森林太郎墓ノ外一字モホル可ラス書ハ中村不折ニ依託シ宮内省陸軍ノ栄典ハ絶対ニ取リヤメヲ請フ手続ハソレゾレアルベシコレ唯一ノ友人ニ云ヒ残スモノニシテ何人ノ容喙ヲモ許サス。」

ここにいう「死ハ一切ヲ打チ切ル重大事件ナリ」以下の頑強な原理的固執と、「養子弊害は古来の議論有之」「天理に背きたる事は致間敷」云々の強調との間には、ある共通の意識が通い合っていると私は考える。乃木は自家の断絶をくりかえし要望し、鷗外は「森林太郎トシテ死セント欲ス」とくりかえし言明する。いずれも、何ものか伯爵乃木家を存続せしめんとするもの、森をして森林太郎として死なざらしめんとするものに対して、兢々として、頑強に自己の立場を守ろうとしているかに思われる。あるいは、いいかえれば、乃木も鷗外も、死に臨んで自己の奥底にひそめた真のロヤルティの対象を顕わにし、自己の存在理由が異なる秩序に属することを言明しようとしていたかに思われる。

むろん、私は、鷗外の念頭に乃木の遺書があったのではないかなどとはいわない。しかし、もしあったとしても不思議ではないと思う。そう考えるのは、鷗外の『興津弥五右衛門の遺書』を考えるからである。

「某儀今年今月今日切腹して相果候事奈何《いか》にも唐突の至にて、弥五右衛門奴老耄《ろうもう》したるか、乱心したるかと申候者も可有之候え共、決して左様の事には無之候。」

周知のように、この作品は乃木自刃の衝撃の下に、一気呵成に成ったものといわれる。右に引いたのはその初稿の冒頭であり、のちに書き改められたものとははるかに異なった調子のものである。この激しい書き出しが、あたかも何ものか乃木の殉死を「老耄」「乱心」と呼ぶであろうものへの痛烈な反噬《はんぜい》の趣をそなえることは、さらに、前掲乃木遺書の文体とどこか通じるものをさえ含むことは、鷗外の心情が乃木自刃の精神にいかに強く共振したかを示している。鷗外日記によれば、「〔御大葬に青山に扈従《こしょう》しての帰路〕途上乃木希典夫妻の死を説くものあり。予半信半疑す」（大正元年九月十三日）とあり、同九月十八日には、「午後乃木大将希典の葬を送りて青山斎場に至る。興津弥五右衛門を艸《そう》して中央公論に寄す」とある。おそらくこの間に、さきに見た志賀的、武者小路的意見も鷗外の耳には入っていたであろうし、一種猛烈な感情があるいは鷗外をとらえていたかもしれないと私は想像する。ともあれ、『興津弥五右衛門』以降、鷗外が『かのやうに』の澄明な懐疑主義から一転し、一種あらあらしいデュオニソス的心境をいだいてその歴史小説の世界に移ったことはしばしばいわれる。そのきっかけは乃木の自刃にほかならなかった。

再び両者の遺書にかえると、乃木には明治国家の創出した新華族制度を拒絶する意味があり、鷗外にはまた、宮内省陸軍省等の「官憲威力」「栄典」に対する拒否が表明されている。鷗外の臨終の言葉といわれる「ばかばかしい」が、乃木における意味の明治国家以外の、近代的日本のすべてに投げかけられたと解しうるとするならば、乃木も同じ感慨をその遺書の中にひかえ目に表現したといえるのではないか。

一体、本来の明治人の胸底において、初期の明治国家はどのようなものとして映じていたのであろうか。何よりもハッキリしていることは、明治国家の建設者たちが、それを明らかな人為の応急的制作物として意識していたことであろう。竹越三叉《さんさ》の随想の中にそのような意識の存在の傍証と見るべきものがある。

明治二十年代のある年、竹越は大磯に陸奥宗光を訪ねた。おりから陸奥は同じ大磯居住の伊藤博文と酒盃もあげずに閑談していたが、その話は、「僕等が死んだ後、国内の情勢はいかに成りゆくであろうか、文武の官、一通り目盛りは出来ては居るが、彼等は如何にしてこの国家を運営してゆくであろうか」というのであった。それに対して、竹越が、心配はよくわかるが歴史には必然性というものがある、偉人の幾人かが死亡しても、これに代る人が自然に出てくるものであるから安心されたいと語ったところ、伊藤、陸奥ともに烈火のごとく怒り、そういう無責任なことをいう若輩があらわれるからわれわれが心配するのだと、終夜憤慨がやまなかったという（『読画楼随筆』）。竹越は、「その頃の先輩の自任は此の如きのものであった」と照れくさそうに結んでいるが、それはたんに維新元勲の自負心というばかりではなく、かれらにあった明確な設計者の意識の反映を示すものでもあろう。l'etat c'est moi（朕は国家なり）の意識の危機的なあらわれのきわめて鮮かな表現をこの挿話は示しているように思われる。いわば明治国家は「光り輝く巨大な像」としてそこにあった。各肢体、機関の構造は決定されたが、そのうちのどの部分が金、どの部分が銀、青銅、鉄、粘土の寄せ集めであるかをかれらは知悉《ちしつ》していたといえよう。そしてまた、長州戦争いらい、もっとも鋭くロヤルティの矛盾を味わいつづけた乃木が、その形成過程の裏面を知らなかったはずもないのである。

3

乃木の二十代の初期、それは封建武士を主体とし、尊攘激派的革命行動を理念とした旧藩兵組織の解体と、それにかわる天皇制統一軍隊の草創という過渡期であった。この近代的暴力装置創出の努力がいかに激しい抵抗を旧軍事組織の側からひきおこしたかは、大村益次郎の暗殺、山口藩諸隊の暴動（明治三年）等に示されているが、この時期に乃木の歩んだ路程には、終始、いわば封建武士団の理念と統一軍隊の理念とが激突する悲劇的な風雲がただよっていた。

慶応二年、十八歳の乃木は山砲一門を率いて小倉表に転戦した。豪快な高杉晋作の指揮ぶりもそこで見たし、山県有朋、会田春介らは直接の指揮官でもあった。[1]

（1）その後十年、乃木は熊本鎮台歩兵第十四聯隊長心得として小倉に赴任し、徳力村の古戦場を訪れ、高杉以下の先輩、戦友を偲んでいる。その情景と回想は乃木の日記のうちもっとも美しい部分をなしている。「〔前略〕午後騎シテ野外ニ逍遥シ徳力村ニ至ル。是我ガ古戦場ナリ。満郊ノ菜花処々紫雲花ヲ交エ、緑麦之青眼ヲ宜シ、四山梓《ハジ》木之花処々点々白ク、昔日銃煙ヲ放ツ者ノ如ク、林背離後桜樹ノ爛漫タルハ、我率ユル山戦砲ヲ発シテ焔煙ノ起ルニ似ル。昔日高杉・福田・熊野・下田・千葉名氏ノ今無キ所ヲ憶、余今日一聯隊ノ長トナル、実ニ諸氏ノ教育ニ依ルト雖モ、亦此春野ニ轡《クツワ》ヲ並ベテ行話スルヲ得ズ。独リ馬ヲ留メテ感ニ不堪。高杉君ノ箕望《キボウ》セル処、福田君ノ我ヲ揮ク処、余刀傷ヲ蒙リシ処等ヲ看過シ、云々」（明治九年四月十六日の日記）。これは、ほとんど一つの生涯をおわったもののいだく感慨にちかい。福沢諭吉ではないが「一身にして二生を経」たる者の痛烈な人間論がこの抒情の背景にはこめられている。

乃木における「死者」の意味は、その後幾多の戦乱をへて、ますます大きくかれの存在論に作用してゆく。

しかし、明治二年、乃木が伏見の御親兵兵営（大村益次郎が統一軍隊設立のために設けたもの）に入って仏式操練をうけていらい、その運命にはある微妙な、のちには悲劇的な矛盾があらわれることになる。

翌三年、上述のように解兵に反抗する山口藩諸隊が暴動をおこし、木戸孝允の宿舎を襲うなどのことがあったが、この時、乃木は、帰藩を命ぜられて暴徒と交戦している。わずか三、四年の間に、乃木の戦うべき敵はかつての先輩・諸友にかわったのである。

萩の乱は、明治三年におこったこの事件の意味を、より大規模に、より深刻に展開したものにほかならない。

山口暴動の翌年、乃木の恩師玉木文之進は、松陰十三回忌の詩を賦して曰く、

於不可為猶且為。丈夫本領自如斯。
正名明分心曽信。尊皇攘夷義豈疑。
世事紛々長慨歎。人惟浮薄日推移。
知否十有三年後。頑鈍依然独守痴。

これは松陰思想の延長に立つものであることはいうまでもないが、それとともに、かつ

て松陰を煩悶せしめた忠誠対象の二元的分裂の問題が、維新後の幻滅によって、松陰の到達点よりむしろ鬱屈した地点でとらえられているかのようである。しかし、このような心情こそ、まさに倒幕軍事力の理念であったのであり、それはまた、乃木その人の素養でもあったと思われる。しかも、旧藩兵暴動から萩の乱にいたるまで（さらに西南戦から竹橋暴動[2]にいたるまで）乃木が直接に死闘せねばならず、つぎつぎとその惨死を目撃せねばならなかったものは、まさにそれであったのである。乃木における当時の体験が、想像以上に複雑・深刻な影響を後にのこしたであろうことは疑いえないと思う。

（2）竹橋暴動（明治十一年八月）の暴徒処刑の日、乃木は次のような詩を作っている。

天如有意自悲傷。暗雨凄風欲断魂。
五十三千城壮士。空得反罪上刑場。

明治八年、二十七歳の少佐乃木が、陸軍卿山県の伝令使から熊本鎮台歩兵第十四聯隊長心得に転任し、小倉に赴任した当時の九州・中国の状勢について「恰も噴火孔上に舞踏すると云う程の危険の状態に在りし……先ず薩摩には西郷隆盛を本尊としたる私学校党あり。肥後には学校党、神風連ありて時の政府に不平を懐き、福岡にも西郷党あり、秋月にも征韓論に志を得ざる志士あり、馬関海峡を越えて長門に入れば萩に前原一誠あり、……四国には民権論盛んにして土佐は其中心なり」と山路愛山は記している。そしてまた、この小倉赴任は、乃木の生涯にとっても決定的な意味をもつことになった。[3]

（3）赴任の翌明治九年、乃木の日記のうちから本論に関係する記事の一斑を予め書き抜いてみると、

二月第二十二日　雨。火曜日。（略）平吉玉木来ト報ズ。直ニ帰寓ス。松岡某同伴也、小酌談話。

二月第二十三日　朝書ヲ山県卿ニ送ル、（略）午後出関山県卿ヲ訪ウ。（下略）

二月第二十四日　（略）玉木正誼、横山俊彦、松岡某来ル、小酌。西郷大将ノ書ヲ見ル。（下略）

二月第二十五日　朝玉木等舟ニ取リ、渡関。（下略）

八月第十日　（略）横山俊彦ノ書ヲ小沢ヨリ寄セ来ル。（下略）

八月第十一日　（略）本日津下ノ宅ニ会議ヲ約ス。日夕吉松、青山ト同氏ニ会シ、横山ノ書ヲ議ス。三氏ニ告ゲ、渡関豊永ヲ訪イ、事ヲ謀ル。（下略）

八月第十二日　（略）又吉松ヲ訪、密事ヲ謀リ、（下略）

八月第十三日　日曜日。朝槇峠氏来ル、前夜ニ謀ル処置ノ事ヲ談ズ。（略）奥平左織等来、杢来、横山俊彦ノ書ヲ持参ス。話ヲ武司ニ隠聴セシメ、罵テ帰ラシム。

（下略）

八月第十四日　朝熊本へ電報、昨夜ノ事ヲ武司ト両隊長ニ告グ。退省後、又市川ニ告グ。（下略）
八月第十五日　（略）本日橋村ヲ熊本ニ遣ル。
八月第十九日　（略）又本日武司ノ次韻
如雲富貴易翩翻。唯有千年功業尊。
名義自為我安所。男児畢竟死無門。

文中玉木というのは、いうまでもなく、実弟玉木正誼のことであり、ことは玉木が前原の参謀として家兄を訪れ、反乱への加担をすすめたことに関連している。

このように不穏な空気のただよう時期に、乃木はしばしば漢詩・和歌に託してその心情を歌っている。いまは一々引用の煩にたえないが、それらを通して乃木におけるすべての情操と思索とが大きく攪拌され、いわば己を育んだ思想と伝統そのものに対して戦闘をやむなくされたものの、烈しい苦慮がうずまいているのが感じられる。

秋霜一夜夢難成。孤枕衾冷感慨生。

といい、

ものすごき秋のなが夜のよもすがら
　夢むすびえぬ人ぞものうき

去年よりも今年の秋はものうけれ
　　またくる年はいやまさるらむ

などという詩歌は、乃木の場合、常套陳腐と見ることはできない。戦闘の準備と、密偵・陰謀の往来、兵器争奪のための策動と、情理にからめた脅迫と、必死の立場にある政府軍内部の峻厳な看視と、それらの渦中にあって、自ら決断したロヤルティとは何かという疑問と、最後には少年いらいのあらゆる追憶の錯綜と、それらの紛然たる混沌を私は当時の乃木の日記中に感じとる。

明治九年秋、乃木の心中に渦巻いたものが何であったか、それを正確に推定する史料はない。ただ、私が疑わないのは、乃木がここで、新たなシンボルへの忠誠のために、そのエネルギーのすべてを投入したであろうことである。尊攘倒幕の貫徹のために松陰が最後に択んだ道は、「江戸居の諸友久坂、中谷、高杉なども皆僕と所見違うなり、其の分れる所は僕は忠義をする積り、諸友は功業をなす積り」というラジカルな解決であった。この思想にまで突入した松陰の態度は、「狂信的な理想主義と冷く冷静な現実主義の奇妙な取引き」（奈良本辰也）といわれるものであるが、乃木の理想主義にも、いわば死において諸矛盾のラジカルな解決を考える素質があった。(4) 萩動乱は、この傾向に強い刺激を与えたと思われる。

(4) 松陰とその叔父玉木文之進、その養子の正誼、さらに乃木自身を加えると、相互に縁者であるこれらの人々が、すべていわば死を択んでいることに気づく。松陰がむしろ自ら死を択んだことは、しばしば指摘されるとおりである。この点について、山路愛山は、「文久元治の世に長州の英雄豪傑は好んで死を急ぎ外目よりは命を粗末にするように見えしもの多し」という故老の言を紹介し、久坂義助、吉田松陰の名をあげ、「希典少年と雖も此等の事変に遭遇して心緒の乱るること恰も狂瀾怒濤の中に立ちしが如くなりしなるべき歟」としている。

小倉における乃木と正誼との交渉については、乃木の大義滅親の行動として美談風に記述されるのが普通のようである。しかし、日記にあらわれた乃木の行動には、のちの旅順戦におけると同じように、むしろ「鉄仮面」(ウォシュバーン『乃木』)のごとき冷血な処置のみがあらわれており、「義理と人情」風の感傷を感じとる余地はほとんどない。むろん前記のような激情の表現と見られる詩歌はわずかに含まれるが、たとえば玉木の同志らとの会話を密かに陸軍法官をして聴かしめるごとき、幕末の激派志士の行動様式をそのまま思わせるものがあり、流血をくぐったもののみのもつ現実主義がきびしくつらぬかれている。おそらくこの種の行動も、武者小路、志賀のグループにいわせれば、「人類的なもの」の欠如したスキャンダルとして冷嘲されたであろう。実弟の使嗾を拒絶するのはよろしい、しかし盗聴させる行為は醜悪である。自殺はわかる、しかし、記念写真をとるのは陋劣である、というふうに。

しかし、ここでも幕末の凄惨な同志打ちを含む忠誠理念の分裂から生まれた凄まじいリアリズムを顧みる必要があるであろう。そのような極限的政治状況においては、あるロヤルティを抱懐することは、状況的必然として死もしくは殺人を意味していた。観念的調整による忠誠理念の抽象的融和ということはありえなかった。したがって、あるロヤルティの維持は、そのために流された流血の全量を支えることであり、忠義であることは殺すこと、もしくは死ぬことであった。明治初年のいくつかの反乱において、政治権力の側がその敵の処置にあたって惨酷をきわめたことも、それは所をかえれば同じという意味で、むしろ必然であった。当時、廟堂諸公の悉くは殺人者であったといえるであろう。

ここから、乃木における行動様式の謎めいた矛盾が明らかにされるかもしれない。ほとんど冷血の人間のように家弟側の陰謀を官に報じ、幾千の死者の予想される攻撃命令を日常茶飯のように下す乃木と、幕末以来、日清・日露以来の死者の追憶を死にいたるまで担いつづけた乃木とを、究極において支えたものは何であったか?

いわゆる維新の元勲・重臣層においては、そこに生じた矛盾は近代国家とその主権理念の下に合理化されえた。しかし、乃木においては、その矛盾は決して近代的に合理化されず、最後まで彼の行動様式の中に含まれたのである。
たとえば自刃の「素志」をつくったといわれる軍旗喪失の例を考えてみよう。なぜそのために乃木は自殺を考えたのか？　この事件については、乃木から参軍山県有朋への待罪《まちざい》書《しょ》が提出され、明治十年五月九日、陸軍裁判所の具申をもととして、次のような指令が征討総督本営から出されている。

「書面軍旗ハ格別至重之品ニ候得共旗手戦死急迫之際万不得已場合ニ付別紙乃木希典待罪書之儀何分之沙汰ニ不及候事」

したがって、絶対主義軍隊の軍紀によって乃木の責任は解除されたはずであり、いささかの責任感がのこるとしても、それが三十余年後の自刃に結果するとは通常考えられない。ここで私は、軍旗喪失と自殺決意の背景には、やはり前年来の深刻な体験にもとづくラジカリズムの反映があると考える。同志相剋の流血を合理化するいかなる理論も乃木には理解できなかった。国家への忠節といえば、まさに玉木以下の人々こそ乃木薫陶の恩師であった。骨肉・同志の人々の死は、そこでは一種の相互に置きかえうる生と死、忠誠と叛逆の構造として意識せられざるをえないであろう。乃木はそのような意識のもとにおいて、かれが死者となり、われが生者となる何らの理由をも発見できなかった。軍旗事件は、かれをして初めてその矛盾解決の可能を認めしめたといえよう。かれらがその信条のために自ら死地に入ったとすれば、乃木はまた自らのシンボルのために生命を棄つべきであった。かれにとって、軍法会議の決定はその内面とかかわりない出来事にすぎなかった。（あたかも、襲爵のことが、無意味であったと同様に。）

この決意にはたしかに非合理なところがある。しかしそれが三十年間の素志を決めたとすれば、その決意そのものが前年秋の萩動乱の悲劇に強く支配されていたと考えることは、より理解しやすいであろう。そこにひそむラジカリズムは明治安定期の合理主義とはかかわりなく、あくまで幕末以降動乱期の論理にほかならなかった。(5)

（5）乃木が明治二年、伏見に学んだことが、その生涯において決定的な意味をもったことを慧眼に指摘したものに山路愛山がある。「此事は希典に取りては真に其生涯の運命を定めたる一時期と云うべきなり」とかれは記している。萩の乱と乃木自刃の内面的関連を分析したものは私は知らないが、渡部求編著『青年時代の乃木大将日記』の注において同氏はその点の研究の必要を示唆している。私もまた、伏見入営から萩動乱期にかけての乃木の諸体験が、自刃にとって決定的な意味をもったことを疑うことはできない。ただ、小論の分析がはなはだしく不十分なものであることを遺憾とするばかりである。

4

乃木の生涯の心事をつらぬくものは、自分があるいは小倉表の初陣の時か、もしくは西南戦争の植木・木葉の時か、さもなければ旅順戦の時か、はやくすでに死すべきであったという想念であったろう。かれの行動様式にはしばしば芝居気と見られる逸脱があるが、それはかれが、生きて武勲ある高位の将官の地位にあるという自意識をついに制度的なものにリンクせしめえなかったことのあらわれだろうと私は思うし、さらに進んで、乃木は近代国家の市民であり武官であることにつきまとうさまざまな外観に対して、あたかも鷗外の「ばかばかしい」というのと同じ感じ方をしていたのではないかと思う。かれは、明治国家の創出過程のみを信じ、そのシンボルとしての明治天皇のみにロヤルティをいだいた。一般的国家というものは乃木には存在せず、明治国家が成立したのちの制度やイデオロギーには何らの現実性をも感じられなかった。かれには「万世一系」や「家族国家」の理念は、それらと釣り合う形で形成された近代的日本国民というような抽象とともに、むしろ不可解であったかもしれない。「天下は一人の天下なり」という松陰の絶対主義的ラジカリズムは、乃木においては、文字どおり明治天皇の実存とパースナリティに集中して表象されたのではないか。乃木には絶対主義国家一般というものはなかったし、法体系ないし国体としての国家というようなものも存在しなかった。ある信念体系は必ずその中に死を含むという乃木の体験からすれば、信じうるものはイデオロギーとしての国家ではなく、そのうちに死を含みながら、シンボルとして実存する天皇のペルソナ以外のものではなかった。ペルソナの死は、乃木そのものの存在理由を解除した。日本国家という抽象体への忠誠の切り替え維持ということは、むしろ乃木の心中にいだかれた無数の死者の論理には存在しなかった。かれは、国家そのものを拒否する形で自刃したのである。松陰のラジカルな論理にいう「功業」と「忠義」の断絶を乃木は継承したわけであり、国家一般への忠誠という「功業」の論理の拒否を実行したのである。その点においても、あらゆる「官憲威力」と「栄典」の拒否を表明した鷗外と同じく、乃木は何ら国体論的日本の忠臣などではなく、「功業」の論理に浸透された日本人から、「軍神」として封印されるほかのない存在であった。天皇に忠に、国家に叛逆的な思想をいだいた鷗外の立場も、乃木と同型の国家観につらぬかれていたものといえよう。

このような乃木の思想は、その死とともに、急速に旧代の遺物視されるにいたった。明治人が天保人を古物視したように、乃木はたちまちのうちに前代の畸型的遺制として形骸化された。かれの死がほとんどありうべからざることの実現として、近代日本の醜聞として、一部日本人のひんしゅくを買ったことは前述した。その風潮にどすぐろい抵抗を試みた鷗外の遺書も先に見た。しいていえばこれら明治の理想主義者たちは、明治草創期以降の日本を認めず、むしろ自殺するか、革命することを考えたのである。そのための鷗外の画策は元老山県の死とともに挫折し、鷗外もまたまもなく死んだ。

鷗外の死におくれること六日、大正十一年七月十五日、日本共産党が結成されたことは象徴的である。しかし、私はむしろある一つの文学作品を引くことによって、この小論の結びとすることにしたい。それは明治的伝統に対して、むしろ国体論的明治国家のそれに対して、革命的闘争に立ち上がった日本共産党が、十余年ののち、いわゆる「転向」の時期を迎えた頃のものである。

「それじゃさかい、転向と聞いた時にゃ、おっ母さんでも尻餅ついて仰天したんじゃ。すべて遊びじゃがいして。（中略）お前がつかまったと聞いた時にゃ、お父つぁんらは、死んで来るものとして一切処理して来た。小塚原で骨になって帰るものと思て万事やって来たんじゃ……」（中野重治『村の家』）

この有名な会話の部分と、『将軍』の父子の対話の部分と、武者小路らの乃木評等々をひっくるめて、私は、乃木伝説の近代史における意味を改めて考えたいと思う。いいかえれば、いわゆる封建倫理として冷笑せられるものが現代のわれわれにとり、いかなる意味をもつかという問題がそれである。

■岡倉天心　一八六三～一九一三

岡倉天心の面影

1

天心がその大学卒業論文に政治上のテーマを選んだこと、そしてそれが年の若い自分の妻のヒステリーのため焼かれてしまったこと、はあまりにも有名である。それは天心のようなとくに芸術的な天才が偶然に生れえたことに対するおどろきと、それに伴う逆の印象――つまり何故に彼の才能がその本来の政治的方面にのびなかったのかという印象との間に引裂かれる思いがするにちがいない。

事実このエピソードの中には現実の問題としてそのままであったとは思いきれない要素がないとはいいきれぬものがある。というのはまずそれが幾つの年齢で受け取った一雄（長男）に語られているかである。一雄は明治十四年生であり、おそらく天心がこのことを語ったのはその年が四十歳を超えていたであろう。（一雄の筆では、「晩年」とかかれている。）

「アレは全くママさんの焼餅が祟ったのだ。おいらは、せっかく二月かかって書き上げた『国家論』を焼かれてしまったから、やむをえず二週間で『美術論』をでっち上げた。その結果、成績は尻から二番目、しかも一生この『美術論』が祟って、こんな人間になってしまったのだ。」[1]

当時の同窓生には船越哲二郎（井上哲次郎）、千頭清臣《ちかみきよおみ》、和田垣謙三、牧野伸顕ら十一名がいた。

その頃の東京大学学生たちが、現在いう文学や政治のいずれに心を傾けていたかは大きな問題であるが（かんたんにいえば当時の青年たち一般の性格如何ということになるが）、それについては二年下級にいた坪内逍遥と高田早苗とが適切な文章を書いている。

「坪内曰う、〈どういう関係で、山出し書生の自分が同級生も多い中で、真先に高田（早苗）君と最も親しくなったのだか、今となっては憶い出せない。が、明らかに、最も早く且つ最も心置きなく交際した同窓であった。多分、田舎育ちの癖に、化政度文学の感化で、江戸趣味崇拝であったから、根生いの江戸ッ子で而も親しみ易い人でもあり、小説好き歌舞伎好きであり、又非常に深切な、なつかしい性癖の人であったところから、自然と半峰《はんぽう》君（＝高田）に接近したのでもあったろう。〉

こんな次第で我々は当時の大学生中自分達のみが西洋小説読みと思って居ると、或日小川町辺の牛肉屋へ登って飯を食って居ると、隣席に岡倉覚三、福富孝季《たかすえ》の両君が居た。此の二人は我々よりも二学年の先輩であって、談偶〻西洋小説のことに及ぶと、岡倉君は頻りにギクトル・ユーゴーの『レ・ミゼラブル』の話をする。又福富君はヂューマの『モント・クリスト』の話をし出した。私も負けぬ気で、スコットの『アイヴンホー』の略筋を語り、互に頗る興味を感じたのであった。西洋文学、殊に其小説を日本の学生が読み始めたのはその頃からだと思う。

坪内曰う、〈東大在学当時の私は、同窓の故有賀長雄氏が『無主義的《アンプリンシプルド》』と評し、同じく同窓の故穂積八束氏が――数十年後に会った時――『あの頃の君は始終酔っている人のようだった』と評したとおりの極楽とんぼであった。二十三四歳になっても尚おたかが十八九歳の気持で、浮ッ調子でいた。その頃の雑誌では、『花月雑誌』や『東京新誌』が最も学生間に愛読されたものだが、私は寧ろ『団々珍聞』や『魯文珍報』や『歌舞伎新報』の常得意で、少しでも余裕があると、新富座へ出かける、寄席へ行く。芸術欲は相応にあったが、どういう主張も主義もなかった。西洋小説に対する好尚は、主として半峰君の誘掖によって呼び起されたのであった。(中略)

その時分――明治十三四年頃――の東大で、西洋の純文学に多少批判的の興味を持っていた学生は、存外尠かったものだ。私の知っていた範囲で、最も広く小説を嗜読していたのは半峰君の親友の故丹乙馬氏（夭折）であり、半峰君自身であり、故岡倉覚三君、なぞであったろう。故和田垣〔謙三〕君なぞも純文学好きであったのだが、その時分には親しくはなかった。厳寒期の小使部屋の炉辺は寄宿舎中の一等暖い処なので、そこへ学生が折々寄り集るのが例であったが、そこで高田と岡倉君とが小説論に華を咲かすことが時々あった。ヂューマと馬琴、スコットとリットンの優劣論なぞは、今尚おかすかに耳元に残っている。〉その頃私は無言の傍聴者たるにすぎなかった。[2]」

のちにシェークスピアにうちこむ坪内逍遥の青年期の姿であるが、その逍遥がさらに丘浅次郎、山崎覚次郎、長谷川如是閑の師であったことも興味をひく。そのあとの如是閑の生き方は『ある心の自叙伝』にくわしくのべられている。

「余の見たる岡倉氏は、一箇多情多恨の俊才であると同時に、一箇鋭敏なる政治家であった。その偉大なる軀幹に調和すべく作られたるその容貌は、儼《げん》として凡俗を超脱して居った。その鳳眼豊頬は如何にも立派であった。（中略）自分の見たる岡倉氏は慥《たしか》に一箇超凡の政治家であり、同時に又精力絶倫の事業家である。氏の才は政治に、外交に、経済に、文学に、美術に、行くとして可ならざるは無しと云う風であったが、偶然日本美術衰頽の秋に際会したので、直に美術を捕えて終に美術界に没頭することとなったのであると思う。（中略）氏は其目的を達せんとするに当ては往々其手段を選まなかった。実際非常なる目的を達する為には非常なる手段を取らねばならぬのであろうが、氏の遣り口は事毎に政治的色彩を帯びて居た様に思う。往々正道を離れて権道を取た様である。（中略）この時の氏の鬱勃たる満腔の熱血は大観、観山、春草、武山、孤月等の画伯の霊腕を駆て縦横に活躍せしめたのは実に壮観であった。壮観と云うよりは悽惨であった。その作品は余の眼には皆血と涙とを以て画かれた様に見えた。（中略）帝大文科に講じた泰東巧芸史は余は聴講を遂げなかったが、聞く所によれば頗る嶄新《ざんしん》該博の知識を証明するものである。[3]」

これは伊東忠太が珍らしく天心の政治家に近いところを描いた文章であるが、その伊東が明治年間において、ハノイ附近にあるイスラム寺院を発見したことを天心がほこらしげにかいている。そしてこの伊東が山形県の生れで明治二十五年に東大工科卒であり、東洋古代建築の権威者であったことを思えば、天心への愛着もわかりそうである。

しかし天心が文学に興味をもったのはそれだけではない。私のある種の直感を以てすれば、そこにはその母とうばさんの作用が少からず働いていた。うばに越前三国港出身のつねというのがいた。この人は同郷の橋本左内の身うちの者で、いつも幕末の血を血であらう情景のことを物語ってくれたという。また後に述べるように、その母の信仰の強い影響も無意識のうちに働いていた。いいかえれば、母の信仰は美へ、うばの信仰は政治へと作用したものである。

帝国大学の前身である開成学校時代に同窓であった牧野伸顕が語っているが、「当時氏が作文に内外各国婚姻の風俗に就て書かれた事がある。其時文章の巧妙と内容の豊富であったのには同窓の一同が驚嘆した所である。[4]」牧野の生れたのは文久二年で、天心とは同年である。しかし肝心のその作文は今はどこにもないといっていい。

その牧野は実の父大久保利通の次男であったが、その大久保の子孫が阪谷芳郎らであることなどはよく知られており、とくに芳郎の子希一のさらにその子芳直が『三代の系譜』を著していることは有名である。

とくに天心に関係したことをあげれば、芳直の祖父阪谷芳郎が明治八年にその一月に開設された東京英語学校に入り、平沼淑郎《よしろう》、酒匂《さこう》常明《つねあき》、添田寿一、江木衷《まこと》、穂積八束、市島謙吉、内村鑑三、石川千代松、田中舘愛橘《たなかだてあいきつ》、土方寧《ひじかたやすし》、高田早苗らと同窓であったが、明治十年の学制改革で東京大学予備門となり、十三年卒業、明治十七年に東京大学を首席で卒業している。天心の風貌は勿論知っており、それは「元勲大久保利通の次男であり三島通庸を岳父に持つ牧野伯からじかに聞き取りを行うのが第一であり、しかも大叔父として容易に会えるという特権を活かさないのは愚であると考えたからに他ならない[5]」という芳直の判断があったからである。しかもその牧野と阪谷とは東大予備門では同窓であった。それからは牧野は父利通の暗殺の後、東大を中途退学し、明治十三年七月卒業の天心とはその歩みがことなっているが、その後の同窓関係でいうと、市島謙吉、高田早苗らとは同窓であったし、天心のほかに井上哲次郎、和田垣謙三、木場貞長《こばさだたけ》らがいた。上級生には小村寿太郎、穂積陳重、杉浦重剛らという顔ぶれである。

それとともにここで文壇的にいえば、根岸倶楽部（或いは根岸党）とのつきあいが一つの問題ともなる。根岸党というのは天心が当時住んだ根岸七番地の名を負った文人と官吏の集会だが、その会合のもようは当時文壇の一つの勢力でもあったといわれる。

私は一冊の書物をもっているが、それは『臨淵言行録』の名がついており、実は国会図書館から近藤渉氏が借り出して、コピイしたものである。前に書いた根岸党のことはさておいて、ここでは福富臨淵（孝季）のことを記しておきたい。なぜならそれはやはり後述のことがらに関連するが、その本はやはり天心の心情の動きを見るために欠くべからざるものと私が思うからである。孝季は天心より五歳の年長で、安政四年の土佐の生れであり、年少のころから英国人に英語をならっていた。そして早く谷干城の信頼をうけていた。そのことは『言行録』からもわかるし、また後に見る『古島一雄』（古一念会編）の中味からもわかる。そして大学卒業後イギリスに三年ほど渡って天心にもロンドンで出会っており、帰国して東京教育大の先生になっていたが、惜しくも明治二十四年四月九日に三十五歳で愛妻の死後、自殺している。前記した『臨淵言行録』はその死後一年して日本新聞社より刊行されており、その再版増補には天心もまた次に見るような文章をのせている。これは「政教社」に関係した天心の福富に対する心情を吐露したものである。

その「序」は谷干城、「叙言」は陸実《くがみのる》、「詳伝」は千頭清臣、「逸事」は磯野徳三郎、西松二郎、杉浦重剛、高橋昌、井上哲次郎ほか数名が書いているが、たしかにこの本は古島一雄が「福富臨淵の名は陸羯南の編んだ『臨淵言行録』によって伝えられるに相違ない」と述べているように、短い冊子でありながら、その文章はととのっている。『臨淵言行録』は版をあらためて、それにわが天心も長い文章をよせている。

「君逝て茲《ここ》に四年、然れども其爽颯たる英姿は常に余の眼前に浮ぶ。余は今に至るまで尚、其隔世の人たるを信ずる能わざるなり。君の性情たる限り無きの熱血、限り無きの熱涙、其心腔に湧き、時ありて迸出《へいしゅつ》して驚瀾洪濤《きょうらんこうとう》となる、横流奔放、浙《せつ》に実潮を看るよりも盛んなりし。（中略）

劫後の江山は何故に此純潔の高士を容るる能わざりしか。其生るること五百年後れたるが為めか、其去ること百年早きに過ぎたる為めか。鎌倉一代の風光は能く此人を流連せしむるに足りしか。今後百年、天高く海闊《ひろ》きの時至るも能く此大魚の游躍に任すべきか、余は之を知らず。唯《ただ》君の天性が足を濁流に濯《あら》うを許さざらんことを恐るるなり。時勢の趨帰を憂うるは人の常なり。交情の反覆行路の艱難は千年の前既に之を唱う。千年の後にも亦之を唱えん。世運は雲の如く巻舒《けんじょ》するに拘らず、幾代の波瀾は竟《つい》に幾多の定型に入れり。然れども現在の真相は常に幻象浮影の域に住せり。時代精神の認定し難き、蓋し今世紀の如く甚しきはあらず。特風特質を開導するの学説は異分子を伝播して、間断なき融通力と相伴うて殆んど没理想の世界を建立せんとせり。而して没理想の世界は予言者を生息せしむべからず。此走馬灯を趁《お》う者は狂奔して斃るるに非ざれば、則ち瞠乎として自失するあるのみ。血ある者涙ある者、将《は》た焉《いず》くに適《ゆ》かんとするか。

　人生誰か愁なからんや。愁は疑団の凝て雲の如く鬱勃として解けざるより重きはなかるべし。君の暗愁は実に此類なりしなり。余は君が厭世の念ありしと言うを欲せず、寧ろ楽天主義ある君をして限りなきの奇愁を抱かしめたる時代を恨まずんばあらざるなり。君が巨觥《きょこう》を銜《ふく》み演技を愛したるは、竊《ひそ》かに其積愁を消遣せんとせしものに非ざるか。然れども万觥は以て胸中の磊磈《らいかい》を澆尽するに足らず。興、酣《たけなわ》に歓極まるの時に於ても君は往々首を掉《ふ》り、心に激痛を覚うるが如きの状をなせり。余嘗て怪《あやしみ》て其所以《ゆえん》を問う、君曰く、自身を脱れんと欲するなりと。余重ねて問う、自身を脱れて何処に去らんとするやと。君乃ち黙して答えず、悵然として独り歎息せり。又嘗て余に語て曰く、我は快楽を知らず、快楽は竟に我の知る所とならざるべし、偶々《たまたま》佳境に進めば忽ち背後に声あり、我を駆逐して楽地の外に出でしむと。嗚呼君は言うべからざる寂寥を感ぜしなり、雲行き水流れて其心を措く所を知らざりしなり。君の感慨胸に塡《み》つるや乃ち里謡一曲を歌う。曰く、

　わしが死んだら誰か泣て呉れる

傍らに在て之を聞けば実に千万無量の哀情ありし。

明治二十年、余君に龍動《ロンドン》に遇う。君は其平生主張せし人道論の基礎を確めて大に自得する所あり。酬酢温藉《しゅうさくおんしゃ》、頗る重厚の風を加えたるに似たり。余思えらく、此れ豈《あに》自身を脱して他人の好愛に任せんとしたるにあらざるかと。而して君の俠気は尚お君の人道論をして平夷《へいい》主義に傾かしめ、尊大は君の為めに悪《にく》まれ、弱小は君の為めに愛せられたり。貧民は常に其念頭を去らず、余も幾回か君に伴れて龍動の貧民窟を探り深く其仁愛の心に感じたり。当時偶々英皇即位五十年の祝賀あり、王子、王孫、来朝せざるものなく車馬絡繹冠蓋《らくえきかんがい》、途に相望めり。然れども君は此の光景を見て曰く、夫《そ》の窮氓を奈何《いかん》せんと。又愛蘭《アイルランド》党の衆合運動を催すや、君は『トラファルガル・スクエヤ』の石上に露臥して、貧民と艱苦を共にし以て不幸を慰藉せり。其貧弱を憐む概《おおむ》ね此の如く、而して常に上流人士の下等人民に及ばざる点を指摘して止まざりし。余時に之を争えば、君乃

ち笑て余を人爵崇拝者として罵《ののし》れり。

君帰朝の後、声望益々高く世務に身を委《まか》して間隙なし。余多く倚玉《いぎょく》の機を失えり。最後に相見《まみ》えたるは廿四年四月の初、君の永眠に先《さきだ》つ一周日、小西湖畔に旧雨を談じたるの時なり。当時君は酔て歓を成す能わず。其節を撃て謡うを聞けば、昔年の愁を籠めたる『裏の山椒樹』なりし。嗚呼誰か君をして再び此歌を唱うるに至らしめし者ぞ。浮世の混濁は竟に君の忍ぶ能わざる所なりしか。匆々四閲年、空しく君の為めに之を悲み、又世の涙あり血ある者の為めに之を悲む。[6]」

それにつづいて『全集』第七巻には「弔福富孝季君」が二首のっている。

一樹紅梅散碧苔　香魂寂莫幾時回　星月依稀寒水上　誰把長笛弔君来

幽明咫尺路相分　愧我斯生竟負君　無限丹心何処訴　鐘声日暮動陰雲

私はここにあらわされた天心の心情は、そのままその二十年後の「偶成」の「我逝かば花な手向けそ浜千鳥　呼びかふ声を印にて　落葉に深く埋めてよ　十二万年明月の夜　弔ひ来ん人を松の影[7]」の悲しみと安息の思いに通じていると思う。

全文こんなにその心情を吐露した悼文はまれであるが、そこに私はほとんど予感のように流れるその生涯の図形が浮んで来ないわけではない。ロンドンで会ったときの文章もいちじるしく人の目をひく。そして帰朝後の昔年の愁いをこめた「裏の山椒樹」の再唱をきくとき、人は自ら五十二歳の天心の風貌を思い出さずにはおれないと思う。勿論天心の詩はこんど出た全集でもわかるようにいわゆる俗謡ではないし、さりとて漢詩の体裁でもない。私が思うにはまさに「傍らに在て之を聞けば実に千万無量の哀情」にほかならなかった。私はこの前後天心の心の中に、ほぼ三十年へだてた福富の面影があったものと思う。

天心の実弟岡倉由三郎《よしさぶろう》が次のように記している。

「酒を蒙りながら、兄が、薄れ行く旧日本と云った話題で、西洋文明謳歌の当時の風潮に、よく慷慨の溜め息を漏らしたのは、その頃のローマン的な漢詩人、森春濤《しゅんとう》翁の『新々文詩』への寄稿家の若き同志たちとであった。その中には福富孝季や磯野徳三郎などと云う人々もあった。春濤の子の槐南《かいなん》が一座していたこともあった。磯野理学士は化学を専攻し、福富文学士の専門は教育学であった。共に有為の才であったが、磯野は失意で自刃を企て、福富は、世相を慨して己が刃で斃れた。愛妻の死を悼みその後を追うと云う近因で世を去ったのであった。その死の二日ほど前に、偶然、悲みに包まれた大男の福富を見た自分の眼には、彼の風丰《ふうぼう》が眼に残っており、彼の言葉が、今に耳に響く。(8)」

この実弟の文章にはさらに次のような実母を描いた文章がある。

「その婦人こそ、我等兄弟の生みの母で、生国は越前の三国港の生れ、その父であった人は、どう云う動機からか、今は不明であるが、一年の大半を、諸国の神社仏閣への遍路の生活で、法悦に浸りつつ、娘と二人ぎりの静寂の歳月を送っていた求道者であったと聞いた。惟《おも》えば、自分みずからの如き、魔障の多い人生の小径を、力なく辿りながら、しばしば道心の堅固を欠き、またしても荊棘《けいきょく》に手を痛め足を刺されながらも、一心にみほとけの慈悲を念じつつ、昨の非を捨て今の信仰に生きんと、いつも悶えてやまない、その仏性の由って来るところは、概して、三歳にして別れた自分等の母からの賜と、深く考えずにはいられないのである。

自分等の母には、すべて四人の子どもが出来た。総領は男で、港一郎、横浜で生れた初めての男子であったから、そう名づけられた。次が、角蔵で、角の蔵で出産に因んでの名であったが、そのあまりにも凡俗なのを嫌って、次兄は、之を同音の覚三に自ら改めたのである。天心はその号で、胸の中程に出来た脂肪のかたまりが、草書の天の字のように、三段に分かれて、厚肉の浮彫に似て見えたので、これも次兄自らの選んだ名である。(9)」

これだけを見ても、その兄弟の仲の良さがうかがえると思うが、その「道づれの人々の中から」と表題にある旧友を見ると、その仲の良さが一層はっきりすると思うので、更に少し引用しておきたい。

「兄の下谷の住居は、初め下根岸の三幣《さんぺい》の寮で、笹の雪の附近、後には、中根岸の八番地であった。根岸での兄の交友の中で、想い出されるのは、小説家の饗庭《あえば》篁村《こうそん》氏、『むら竹』の中の『蓮葉娘』など、自分が好んで読んだ一篇である。（中略）同じ根岸住いで、兄の近しくした文人に、森田思軒があった。ユーゴーやジュマーなどフランス物を英語から訳して広く読まれた人。眼の窪んだ歯の黒い痩せた人として、覚えている。また宮崎三昧道人《ざんまいどうじん》があった。『国民の友』に発表した『吾が亡き妻』と云う一字一涙の、亡妻を偲ぶ一篇の美文は、氏の良夫ぶりを察せしめたので、それが貞淑美貌の後妻を氏に贏《か》ちえたまでは順調であったが、家庭の主人としての氏の良人ぶりは、小説家としての氏の筆の綾とは、大分の距離があって、とど後妻の婦人を、二階から蹴落して、ケリが付いたと云う哀話悲話も、今は四十年の昔のこととなった。（中略）法官の古参者の藤田隆三郎氏、官報局長などをした高橋健三氏、弁護士界の利け者大谷木備一郎《きびいちろう》氏、などもあった。（中略）その他に、桜花園に集って、楽焼などに花を咲かせた人々に、通人型の老文士に、幸堂得知《こうどうとくち》氏や、その頃の人気のあった河原崎権十郎ばりに、切り口上で舞台の義士みたような立振舞をした、福地復一《ふくちふくいち》と云う男もあった。この偽似権十郎、後に兄に楯をついて、椅子乗取りの一と芝居を打つ事もあったが、遂に不入りに終った（中略。大槻如電と令弟文彦が述べられている）。文部省関係と云えば、そこの同僚として知るに至った、大槻兄弟同様、物識り型の学者で通人に、今泉雄作と云う人があった。仏教関係の深い造詣は、氏をフランスに渡らしめ、パリーのギメー博物館に久しく足を止めさせた。これが氏を梵文学者にし、チベット学者にした。同時に、氏は、茶の湯、書画、骨董、生花、香道、入木道《じゅぼくどう》、など、あらゆる日本趣味の物識りであった。これらの百科に亘る了解が、晩年の氏を大倉集古館の館長たらしめたのであった。(10)」

ここでしばしば出てくる高橋健三という名に注目しておくと、高橋は安政二年に江戸に生れ、曽我野藩の貢進生となり、天心とは仲もよかったが、のち故あって交をたったが、「猶お今時真に美術の鑑識ある者君に如く莫し(11)」とは他ならぬ天心のほめ言葉である。内閣書記官長として生涯を終ったが、その活躍はすでに見たとおりである。明治三十一年七月に病気のため歿したが、号は自恃居士《じじこじ》といった。なお、二葉亭四迷が一時「属吏時代」とよばれているのは、この高橋が局長だった時期であり、さらには部下だった陸羯南を物色して「日本」の主筆に推薦したのは高橋である（木下尚江『神・人間・自由』より）。一時は日本の国士として小村寿太郎と併称されたこともある。ただその天心との深い交際が何故に絶交するにいたったのかは、まだよくわかっていないことがらである。

ここにあらわれる天心の姿は、別にとくに描かれたものではないが、その亡母への信仰といい、二人の異国の女性といい（後述）、間然とするところがない。

私がついでに思い浮べるのは、天心の根岸時代からの友人である幸田露伴のことである。露伴といえば私はまず釣魚談を思いもし、その超俗した非凡の境地にあったことを思うが、それというのも茨城県の大津に天心門下生大観ら四人がすごした五浦《いづら》の地を露伴がたずねた時である。

「あの時は露伴さんは、岡倉先生と先約があったのだろうと思う――竿を携えて中川の鮭《さけ》釣りに来られました。わたしが今の妻を迎えた翌年かと思います。岡倉先生から使いがありまして、その別荘で私も同席したのでした。露伴さんも、わたしも四十二三歳で頗る元気でしたから気焔が上ったように思います。翌日露伴さんは釣竿を携えて、山登りをしました。筑波山です。その折岡倉先生が言うのに『露伴君は釣竿をもって山へ登ったよ』と。呵々。(12)」

多分この時のことかもしれないが、橋本静水が語っている次の挿話もそれを示している。

「釣は幸田露伴博士とは話が合って、博士には及ばぬ所があると云われたこともあった。五浦に引込まるる時はいつも扁舟《へんしゅう》に棹《さおさ》して釣を試み、漁師に伍して海上に暮らすほど面白いことはない、此間から漁師哲学も味われて何とも云われぬ愉快を感ずると、常に語られたことであった。(13)」

その露伴が天心の死後次のような文章をかいている。露伴の面目も自らわかりそうである。

「それ至徳の徳無きや久し、大に有する者は自ら有せざる也。……至人は接して而して施さず、造物は与えて而して取らず。天心先生の天心先生たる所以、ここに存せずして抑《そもそも》又何の処にか存せんや。(14)」

また根岸党と露伴については丹羽愛二が次のように語っている。

「根岸党については日本評論が文学一斑欄に数ゝ《しばしば》其消息を掲げたが、明治二十四年五月第二十九号に『根岸党、其尊崇するところは近松巣林子《そうりんし》建部綾足上田秋成柳亭種彦、其喜ぶところは時代的院本及び小説、其言う処は駄洒落、其楽しむところは酒、其嘲る処は半可通、其罵る処は俗物、其得意たるところは浮世画の鑑識、其珍襲するところは松花堂惺々坊《せいせいぼう》亜流の筆跡、其任ずる処は明治の大家、其夢みるところは天明の大通世界』と評したのは、聊《いささ》か揶揄気分を交えたものではあるが一面を伝え得たものであった。

根岸党に名を連ねる者は、楽々会の記（『狂言綺語』）に篁村のいう『親類交際の十一人』内外で、饗庭篁村、森田思軒、宮崎三昧、須藤南翠、高橋太華、関根只好、幸堂得知、久保田米僊《べいせん》、富岡永洗、岡倉天心、川崎千虎《ちとら》、楢崎海運、幸田露伴等、主として根岸谷中を中心とした辺りに住した文人を総称したものである。

謂うところの親類交際とは、酒を機縁としたもので、盛に会合し会えば飲んで、酒間の清談と洒落の飛ばし合いとに世間離れした風流を楽しんだ。根岸の伊香保とか音無川傍の鶯春亭とか、柳島の橋本とか柴又の川甚とかが会場に使われた。飲抜無尽と称する痛飲目的の企画や、杯盤狼藉《はいばんろうぜき》のあと掃除のチャロク鍋などの事が、露伴の追憶談に出て来、作品『珍饌会《ちんせんかい》』は当時の雰囲気を伝えたものだと言っている（『遅日雑話』文章倶楽部昭和三年三月号）。こうした気さくな附合であったから自ら人の呼び方にも洒落がまじり、二十六年の太華宛露伴の書簡にも『猪尾来らずモタシケ来らず』云々（『露伴書翰』改造昭和二十五年八月号）などと云送っている。モタシケは森田思軒を詰めたものであり、逆にタゴコロノクルマボシノオキナと引伸して呼んだり、一種罪のない遊びをして興じた。これらに就ては柳田泉氏の『幸田露伴』に詳しい。

二日旅行と称する小旅行は度々試みられたが、二十六年四月一日東京を発って総勢八名、前後一週日を費した月ヶ瀬探梅行は、根岸党としては大旅行で且つ愉快を極めたものであった。思軒の『探花日暦』（国民之友明治二十六年百八十八号以下）や篁村の『旅《たび》硯《すずり》』（明治三十四年博文館刊）に道中が記されているが、『旅硯』中の月ヶ瀬紀行によれば、八名全員に太郎作甚六三太郎等此集り得意の表徳《ひょうとく》を冠らせて呼び合い、宿に着いて酒宴ともなれば、此盃を兵六殿に、などと名だけを教えて女中に其人を択ましめるに、一座をツラリと見て『過《あやま》つ事なく杯をおくるぞ不思議なる』という様な具合で、唯これ酒落と諧謔の連続であった。こんな空気であったから此挙に就て事前に日日新聞が『日本一の気障共が』云々と書いた旨篁村の紀行中に録せられている。此行の後早稲田文学（二十六年三十八号）が『楽々会員（旧根岸党）は既に観花の漫遊を終えて帰京し硯友社派更に花めぐりの挙あり』『吾人は美文学界の二党派が無形の家づとに接せん日を俟つ』といい、それより先二十四年一号で現代小説家を分類した中に篁村・得知・思軒を根岸党として挙げ、硯友社其他に対せしめているが、いずれも根岸党を文学結社として扱っているのは誤りであり、当時此様な誤った見方も行われたものとみえる。（中略）

根岸党が文学上の主義主張から成らず、結社的意味合のものでなかったから、そうした意味での業績は見られないが、形に表われたものとしては、その一つに『草鞋記程《わらじきてい》』（二十五年十二月刊）がある。丁度南翠が大阪へ去る時だったので此旅行をもって送別の小宴に代えんとしたという、妙義山に遊んだ時の、露伴外八名の共同紀行である。他には、露伴が編輯名儀人となって楽々会から出した、根岸党のこれも共同紀行を載せた『狂言綺語』第一冊（二十六年三月刊）があるのみである。（中略）

こうした根岸党の耽酒放逸、懶惰《らんだ》遊楽の気分は、当時の文壇不振に結びつけられて非難の対象にされ、国民之友二十六年百八十九号『文学社会の現状』などは根岸党の名こそ出して居らぬけれど、悲憤慷慨の言辞を連ねて其の態度を露骨に示したものであった。

が、根岸党の此の一種反抗的韜晦的気分は、すべてが非難に値したという訳ではない。『一方は多少なり共江戸の空気を知っている人達』であり『年輩から云ってもまるで取組みにならなかった』人達であり『こんな連中の集りが私達の先輩だったのだから、私たち新米は初めのほど、どれ位悩まされたか知れなかった』(露伴『遅日雑話』)という回想から、人間的世間的に先輩である人々の中で、若い露伴が学ぶところ多く、謙虚な態度で交わった姿が想像せられるのである。

この集りは明治二十三四年頃が最も盛に交遊があり、後に篁村露伴其他地理的に遠ざかる者が出るにつれて自然に衰えた。が、要するに根岸党は江戸風流人の遊びの集りであり、江戸風流を解する人々の集りの最後のものであった。(15)」

そればかりではない。天心は明治二十二年、高田早苗らとはかって日本演芸協会をおこしている。会長は土方久元、副会長に香川敬三、理事に岡倉天心、高田早苗、森田思軒、文芸委員には別に依田学海《よだがっかい》、饗庭篁村、坪内逍遥、森鷗外、山田美妙等であるが、これもすでに明治十九年頃から始っていた運動で末松謙澄《けんちょう》らがその中心勢力であり、「活歴劇指導機関」と称する求古会《きゅうこかい》はその前年に誕生していた。

その年二月には帝国憲法が発布され、天心は有名な王朝風の衣裳紋着をきて宮城前に列している。そしてその年九月九日には、饗庭篁村の誕生日の祝いとして、根岸の鶯花園で観月園遊会を催し、高橋健三、幸堂得知、川崎千虎、藤田隆三郎らが集っている。そればかりではなく、その十月二十八日には高橋健三と国華社を創設し美術雑誌『国華』を発行し、創刊とともに「円山応挙」をはじめてのせており、その翌月には「狩野芳崖」を書いている。「年譜」によればその年のしまいには「能勢《のせ》師に剣術を習う」とある。

その年（明治二十二年）の経過を見ると、まずその二月はじめに東京美術学校の授業はじめで、フェノロサの「美学」講義の通訳をし、同時に「日本」新聞創刊のため歴史画・歴史彫刻の懸賞募集を今泉雄作、川崎千虎、高橋健三、黒川真頼《まより》、饗庭篁村、杉浦重剛らと共に始め「日本」新聞には筆名「混沌子」を用いている。その間の彼の活動は、まず「日本」への寄与、いわゆる「根岸党」の集い、演劇改良、『国華』における独得の美の主張に要約されよう。

これは明治末年のことであるが、天心が東大において「泰東巧芸史」を講義したときのことを、和辻哲郎が次のように書きつづっている。

「岡倉先生が晩年当大学文学部に於て『東洋巧芸史』を講ぜられた時、自分はその聴講生の一人であった。自分の学生時代に最も深い感銘を受けたものは、この講義と大塚先生の『最近文芸史』とである。（中略）

先生が単に美術品についての事実的知識を伝えるに留まらずして、更にそれらの美術品を見る視点を我々に与え、美術品の味い方を我々に伝えたがためであったと思う。この点に於て先生は実に非凡な才能を持っていた。今でも自分は昨日のことのように思い起すことが出来る。支那の玉についての講義の時に、先生は玉の味が単に色や形にはなくして触覚にあることを説こうとして、適当な言葉が見つからないかのように、ただ無言で右手を挙げて、人さし指と中指とを親指に擦りつけて見せた。その時あのギョロリとした眼が一種の潤おいを帯び、ふてぶてしい頰に感に堪えぬような表情が浮んだ。それを見て我々は成程と合点が行ったのである。[16]」

私はすべてこれらの事実からして、一面では天心の日本的なもの、国粋的なもの、かんたんにいえば日本的なものへのあこがれというべきものがまとまっていると考える。それとともに別の契機が作用している。というのは彼に対するもう一つの契機が働いている。それは西洋的なものといってよい。大体天心が日本の古典的なるものへの強烈な熱情というものをもっていたこと、その明治二十年頃におけるシンボルというべき、フェノロサに対する敬意というべきものは疑いがない。法隆寺の夢殿に参詣したのはすでに明治十七年のことであった。その情景は前述の和辻哲郎も描いている。

「この時に寺僧の知っていたところは、秘仏が百済伝来の推古仏であることと、厨子が二百年以上開かれなかったこととのみであった。従ってこの仏像はその芸術的価値が無視せられていたというどころではなく、数世紀間ただ一人の日本人の眼にさえ触れたことがないのであった。フェノロサは同行の九鬼氏とともに、稀有の宝を見いだすかも知れぬという期待に胸をおどらせながら、執念深く寺僧を説き伏せにかかった。(17)」身体にまとう布は百五十丈くらいもあったが、ついに最後の覆いがとれた。その時のもようをフェノロサは次のように書いている。

「横から見るとこれはギリシアの初期《アアケイック》の美術と同じ高さだという気がする。肩から足へ両側面に流れ落ちる長い衣の線は、直線に近い、静かな一本の曲線となって、この像に偉大な高さと威厳とを与えている。胸は押しつけられ、腹は幽かにつき出し、宝石あるいは薬筥《くすりばこ》をささえた両の手は力強く肉付けられている。しかし最も美しい形は頭部を横から見た所である。漢式の鋭い鼻、まっすぐな曇りなき顔、幾分大きい――ほとんど黒人めいた――唇、その上に静かな神秘的な微笑が漂うている。ダ・ヴィンチのモナリザの微笑に似なくもない。(中略) われわれは一見して、この像が朝鮮作の最上の傑作であり、推古時代の芸術家特に聖徳太子にとって力強いモデルであったに相違ないことを了解した。(18)」

夢殿・秘仏については、さいきんも梅原猛の『隠された十字架』が書かれており、その論議がたえないが、それが天心にとっても大きな事件であったのはいうまでもない。彼の全集版の年譜によれば「明治十七年六月二十五日、京阪地方古社寺調査を命ぜられる（文部省）。フェノロサ、加納鉄哉《てっさい》らも顧問として参加。この調査中、法隆寺の夢殿を開扉し、秘仏救世《ぐぜ》観音を拝す」とあるのがそれである。それが彼の夢の中にあらわれる観音様の映像となり、狩野芳崖の「悲母観音」へのつらなりを思わせる。

それはフェノロサの指導によって天心が新しい美の根源にめざめたことを意味する。それは文学的領域においては、逍遙の一つの影武者というべき二葉亭四迷の文学における発見（『浮雲』）につらなる。それはまさしく伝統的美学がくずれ、従来の「読本」「滑稽本」「人情本」「草双紙」から真の「近代文学」が始る意味をもっていた。言葉をかえていえば、それはまさしく近松、西鶴からシェークスピアへの転位ともいえる。その意味で坪内逍遙の名は不滅である。

要するに私の言いたいことは、天心はその意味での二重の役割をしたのが一つであり、しかもそれが「霊」というもう一つ別個の役割をもったことである。

私の考えではあるが、その霊というのは人間の魂、というか、要するに例えば天心の顔にあらわれた表情、そのうれいをおびたくちびる、或は表情以外のなにものでもない。要するにそれは死を決した人間の顔つきのすべてである。その死の前後、かれの表情がうかべる一切のもの、といえそうである。

（1）岡倉一雄『父岡倉天心』中央公論社、昭和四十六年、二四頁。
（2）高田早苗『半峰昔ばなし』早稲田大学出版部、昭和二年、四八―五一頁。
（3）伊東忠太「予の見たる岡倉覚三氏」『岡倉天心全集』別巻、三二二―三二三頁。
（4）『岡倉天心全集』別巻、三一一頁。
（5）阪谷芳直『三代の系譜』みすず書房、昭和五十四年、三四六頁。
（6）「福富孝季君を憶う」『岡倉天心全集』第三巻、一一〇―一一二頁。
（7）『岡倉天心全集』第七巻、三一六、三七六頁。
（8）「次兄天心をめぐって」『現代日本文学大系』2、筑摩書房、昭和四十七年、四四九頁。
（9）同右、四四七頁。
（10）同右、四五一頁。
（11）内藤湖南「高橋健三君伝」『内藤湖南全集』第二巻、六八五頁。
（12）横山大観「露伴さんの思い出」『露伴全集』付録。
（13）「岡倉先生の話」橋川文三編『岡倉天心――人と思想』平凡社、昭和四十七年、七頁。

(14)『露伴全集』別巻下、三六八頁。
(15)丹羽愛二「露伴と根岸党」『露伴全集』付録、二〇―二二頁。
(16)「岡倉先生の思い出」前掲『岡倉天心――人と思想』二八―二九頁。
(17)「古寺巡礼」『和辻哲郎全集』第二巻、一八三頁。
(18)同右、一八四頁。

2

天心は昔からインドを愛していた。それも恐らく近代的日本が始る以前からの仏教への憧れというべきものがあったと思うが、天心がはじめてインドのコロンボについたのは明治三十四年十二月末であった。

このインド行きは、かなり天心の独断といった気味がつよいものであるが（塩田力蔵が天心をいさめたことは有名である）、そのほぼ一年の滞在を通して彼は『東洋の理想』を脱稿し、ロンドンのジョン・マレー社に送っている。それはその翌年五月から六月にかけて詩人タゴールと親しく交り、その地でベンガルの反英志士たちを大いにはげましたことに関係する。それと日本の僧織田得能《とくのう》と東洋宗教会議を日本で開こうとする計画を立てた。

織田というのは天心と同じく越前の生れであるが、のちに明治四十四年に五十二歳で歿している。かつてシャム仏教通として有名であったが、『仏教語大観』の著書で知られている。この時にはインドに滞在していた。

なお織田については、井上哲次郎が思い出を語っており(1)、その畢生の大作『仏教語大観』がのちに南條文雄《ぶんゆう》、高楠《たかくす》順次郎、さらに上田万年《かずとし》、芳賀矢一の協力をへて完成したことがわかる。

天心のインド紀行は、現在われわれには新聞記事と新聞「日本」への「印度旅行談」等と、タゴールの甥スレンドラナート・タゴールの文章があるばかりである。その文章は天心の気持をよく描いている。

「ところで、私の深い印象として記憶に残っているのは、私たちが旅行の最終地点である遠いベンガルの村に到着したとき、岡倉が実にスムーズにその風景の中に溶けこんだという点である。彼の着用する道服はこのアウルやバウル〔ベンガル地方で道服に似た服をまとい、宗教歌をうたって遍歴する集団〕の地方では何ら不協和音を奏でなかった。彼が小さな店並みや市場を徘徊し、また河岸や寺院の近くを散歩しているのを見ると、そして廃墟の失われた栄光を懐かしむのではなく専ら住民の表情、風習、手工芸品に今でも残る美しさを賞味しながら歩いている姿を見ると、親愛の心を抱いてやって来た昔の中国人旅行者が、如何に容易にインドの生活に溶けこんだかが実感されたのである。岡倉の言葉によれば、ベンガル人の些細な風俗上の特徴や使用する道具類が、日本で行なわれている仏教儀礼で今では意味不明となっている多くの要素を解明するように思われるのだという。(2)」

それから一年後、帰国した天心は、或は「印度美術談」、史学会席上の「印度研究談」、「印度漫遊談」等を談じているが、そのなかで史学会例会においては重野安繹《しげのやすつぐ》博士、坪井九馬三《くめぞう》教授、箕作元八《みつくりげんぱち》教授、星野恒二教授らの前で、凡そ七十人を相手に語っている。その要旨を見よう。

「第十二世紀(基督紀元一一八〇)にマホメットのガズニ家入り来り、漸次に印度に攻め入る。此時印度教は民間に力を有し、仏教の根拠は寺院にあり余程抵抗力を有したりしが、ハラ朝の滅亡に依て北ベンガルに居ることを得ず。今は、ビルマ、セイロンに居れり。是に於てバグダットよりサラセンの美術を持ち来りて印度の技術又一変す。元代の様式これなり。デルヒ、ラホール等に行かば今もこの様式を認む。(3)」

しかしそれよりも、天心がインドで見たものがその地の文物というか、仏陀の見聞したと同じような風物と民間の習俗であったことは、さきに見たタゴールの文章で明白である。それから更に天心は、その晩年に近くもう一度インドを訪ねている。明治四十五年九月であるが、タゴールらに迎えられてブダガヤを訪れ、ヨーロッパ経由でアメリカのボストンにわたっている。その時インドでのプリヤンバダ・デーヴィ・バネルジーとの出会いが、彼の最後の恋をうんだ。今残る十九通の手紙にこもる神秘的な愛情がそれである。のちになって、タゴールの甥がかいた文章に残る一文が、その最後の情景をえがいている。その時は汽車を待つ間の三十分ほどであった。タゴールは、天心の表情がいつもと違って元気がないのが気にかかっていた。そこで次のようにたずねた。

「体の調子が良くないのですか」

すると天心は悲しそうな微笑を浮べて顔をあげ、

「わかりませんか？」(4)

とだけ答えたという。

これはたんに健康上の問題ではなく、その当時彼のつき合っていたインド人の主人が、天心に対して過大な要求を出したことによるという。

その翌大正二年二月には、ガードナー夫人に「白狐」を献呈し、東大で講義した「泰東巧芸史」も美術雑誌にのっていた。その年の九月二日に死んだ天心が書きつづったプリヤンバダへの手紙は、ある一なるものを希求する思いにあふれている。

天心の死が新聞紙上に発表されると浜尾新、正木直彦、高村光雲らが上野駅に出迎え、九月五日会葬者約六百人、染井墓地と五浦に分骨された。

因みにその年十一月十五日、東京美術学校でひらかれた「故岡倉先生追悼会」の発起人には、次のような名前がつらなっている。

伊東忠太、井上哲次郎、板谷波山、今泉雄作、井上友一、今村紫紅、市島謙吉、六角紫水、男爵浜尾新、林田春潮、原安民、芳賀矢一、坍和為昌、原富太郎、林九兵衛、早崎稉吉、橋本永邦、橋本秀邦、橋本正素、早川千吉郎、公爵二条基弘、新納忠之介、本多天城、千頭清臣、沼田一雄、岡部覚弥、奥田義人、岡本勝元、岡崎雪声、小川一真、大塚保治、尾竹竹坡、大島如雲、荻野仲三郎、大西良慶、岡田三郎助、太田謹、岡吉寿、和田垣謙三、和田英作、小川鶴城、男爵加藤高明、亀岡末吉、嘉納治五郎、河瀬秀治、梶田半古、川合玉堂、香取秀真、米原雲海、横山大観、高島円、高橋太華、高田早苗、辰沢延次郎、高村光雲、竹内栖鳳、高楠順次郎、竹内久一、滝精一、高屋肖哲、園田寛、男爵都筑馨六、男爵辻新次、坪井九馬三、塚本靖、坪内雄蔵、長沼守敬、中限敬蔵、内藤虎次郎、中橋徳五郎、村山龍平、中川忠順、上野理一、上田万年、海野美盛、海野勝珉、潮恵之助、納富介次郎、久保田鼎、男爵九鬼隆一、黒板勝美、久米桂一郎、黒田清輝、安田靫彦、山内多門、山元春挙、山田敬中、安広伴一郎、山崎朝雲、山脇皜雲、股野球、男爵牧野伸顕、男爵松平正直、正木直彦、前田健次郎、丸山貫長、藤田隆三郎、子爵福岡孝弟、子爵藤波言忠、藤沢利喜太郎、児島献吉郎、幸田露伴、小林古径、小堀鞆音、小島憲之、国府寺新作、木場貞長、寺崎広業、寺内銀次郎、饗庭篁村、秋元洒汀、安藤時蔵、有賀長雄、姉崎正治、佐伯定胤、斎藤謙、笹川臨風、斎藤隆三、桜岡三四郎、桜井正次、菊池芳文、木村荘平、紀淑雄、木村武山、結城素明、湯原元一、三宅雪嶺、三上参次、宮崎道三郎、溝口禎二郎、宮永剛太郎、緑川興功、三輪桓一郎、柴田駒三郎、斯波淳六郎、塩田力蔵、白山松哉、島田佳矣、神保小虎、執行弘道、下村観山、白井雨山、平櫛田中、飛田周山、土方寧、森林太郎、元田肇、清野長太郎、関保之助、関野貞、関如来、子爵末松謙澄、杉浦重剛、菅原大三郎、末延道成、新海竹太郎

これらの人々のほかに、すでに故人となっていた人々も少なくないが、先に述べた福富孝季もその一人である。そしてその名に加えてラフカディオ・ハーンの名も思い浮べるであろう。ハーンの死は明治三十七年九月、その死後二年に天心は"In Defence of Lafcadio Hearn"という文章を「ニューヨーク・タイムズ」に投書している。(この文章は清見陸郎《ろくろう》の『岡倉天心』にのっている。)ちょうどその時天心は二度目の中国旅行の時であり、その間、当時北京大学教授だった服部宇之吉に会い、さらには北京郊外の道観に一人の道士をたずねて詩を交換している。

元来このハーン（小泉八雲）の性格については、井上哲次郎の『懐旧録』にのっているように「もとは基督教の家庭に生れたのではあるけれども、最後は全く仏教の信者となり、仏教の儀式によりて葬られたということは余程注意を要する点である」と述べている。しかもその制作した「ゴーストリイ・イン・ジャパン」の中に描かれた髑髏《どくろ》山は、何からとったのか、との井上の問いに答えて、ハーンは「岡倉から聞いたのであると、こう云った。岡倉は世間周知の東洋趣味の天才者であった。それで小泉氏に対して多大の同情を有しておったのである」とある。

しかしそれとともに、ここに思い浮ぶのはやはりフェノロサのことである。やはり井上を引用する。

「哲学の側では自分の外三宅雄二郎、井上円了、有賀長雄等であったが、哲学以外の学科で氏に親炙した人々には、和田垣謙三、木場貞長、中隈敬蔵、岡倉覚三、坪井九馬三、都筑馨六、嘉納治五郎、高田早苗、天野為之《ためゆき》、穂積八束、坪内雄蔵、阪谷芳郎、平沼淑郎、添田寿一、金井延《のぶる》等の諸氏があった。(5)」

井上がここに書いたのは、明治十一年から同十九年まで、フェノロサの教えた人々の名前である。

その後フェノロサは、明治十九年八月に帝国大学雇を文部省・宮内省雇にかわり、同二十年に天心とともにヨーロッパに旅行し、そのあと東京美術学校の教師等をしたが、二十三年七月、勲三等をもらって帰国している。その後、彼は二十九年、三十年—三十三年、三十四年と日本を訪れているが、それは日本の美術へのあこがれというべきものであった。園城寺（＝三井寺）の桜井敬徳《けいとく》阿闍梨《あじゃり》から学戒を受けたことからも想像されるように（それは天心も同じであった）仏教（＝天台宗）へのあこがれもあった。『明治文化全集』第十二巻「文学芸術論」に、明治十五年の「美術真説」がのっているのは周知であろう。

そして恐らく明治二十九年頃よりあと、天心との仲が必ずしもよくなかったことから来るかも知れないが、両者の意図は大分ことなっている。この点については、山口静一が次のように書いている。

「希望に胸をふくらませ翌年四月、改めて来日したフェノロサ夫妻を待ち受けていたのは、大隈の辞任に続く内閣の崩壊、上司九鬼隆一夫人との恋愛に懊悩する天心のすさんだ生活、そしてもっとも決定的な天心の失脚（明治三十一年三月）であった。不幸な事件の続発とは言え、夢を破られたフェノロサ、とくにフェノロサ夫人の天心に対する不信感は募る一方であったろう。彼女はのちに夫の遺稿を整理して『東亜美術史綱』を編輯したとき、その中からオカクラの名を悉く抹殺したほどである。[6]」

二人の最後に出会ったのは、明治四十一年六月二日パリのルーヴル美術館であった。天心がその師の死を恐らくは哀悼したことはたしかであろう。彼の墓は琵琶湖のほとりにある。

（1）『懐旧録』（春秋社松柏館、昭和十八年）及び『仏教語大観』（柏書房、昭和五十六年）の川口久雄解説を参照。
（2）スレンドラナート・タゴール、山口静一訳「岡倉覚三――ある回想」前掲『岡倉天心――人と思想』四一頁。
（3）『全集』第三巻、二六八頁。
（4）タゴール前掲書、四三頁。
（5）前掲『懐旧録』二〇三頁。
（6）山口静一「天心とフェノロサ」『全集』第七巻月報。

3

中国旅行のことは、ここでは余り論じようとは思わない。しかしそれがいかに天心にとっても偉大な影響であったかは、いうまでもない。伴侶としたのは早崎稉吉だけであったが（当時十九歳）、彼は中国において種々の写真撮影の必要があったからである。そして、出発に当って内閣の書庫から「十八省通誌」を借りてその抜き書を作り、さらには北京で買った「省誌」「県誌」「大清一経誌」等をひっさげての旅行だったから、その旅行が古代中国人のように「悠然として南山を見る」ていのものではなかったことは、いうまでもない。

天心の中国旅行は明治二十六年七月末に長崎を出発し、仁川に入り、八月三日、塘沽に着いたのが旅行の始めであり、それからまず北京に入り、爾来四カ月にわたり中国の遺物をめぐり歩いている。北京を出発、保定、正定、邯鄲、衛輝、開封、鄭州、洛陽、潼関、西安（長安）、宝鶏、大散関、広元、成都、叙州、重慶、万県、宜昌、漢口、南京、上海と旅行したのであるが、神戸に着いたのは同じ年の十二月六日だった。

その旅行中、「此ニ至リ西遊初メて効アり」として「乾隆の御遊宜ナルカ……諸仏の妙相忽チニしテ喜歓の声ヲ発セし」めたのは、九月十九日香山寺に達してその龍門石窟を見たときであった。

「先ツ山ノ半腹ニ上レハ小亭水ニ瞰《ノゾ》ム　顧レハ石洞アリ

高サ三丈五尺横二丈五尺内ニ釈迦　阿難迦葉　韋駄天等ノ高肉石刻アリ　其様式ハ乃チ我法隆寺金堂釈迦仏鳥仏師作ノモノト髣髴タリ　尚石段ヲ上リ三洞アリ　中央ニ賓陽洞ト題ス中洞ノ製作尤モ古シ　凡ソ六間四方高サ四丈位仏像高彫ノモノ多ク数百体アル

ヘシ　壁間ノ浮彫人物平均二三尺位因果経ノ図ト相似タリ　左辺ノ洞亦同時代ナルヘシ　其数之ニ下ラス　右洞稍々《やや》少シク唐式ニ近シ　洞前ノ寺ヲ出テ、南ノ方水ニ沿フテ行ケハ大石仏ノ巍然タルヲ見ル　凡ソ五六丈アラン　左右ノ四天部亦三丈余アルヘシ　其南亦一洞アリ三尊仏獅子等ヲ刻ス　此洞ハ六朝ノ年号ヲ刻ミ武梁祠以後最モ美術歴史上ニ要用ナルモノナルヘシ　対面ノ香山ニ心一寺看経寺等ノ両小寺アリ　寺背石洞石龕《せきがん》アリテ龍門ト稍々趣ヲ同フス　内ニ十大弟子ヲ刻ミ此種ノ製作ハ印度ニ於ケルアミタバ等ノ石造寺院ノ式ニ則リ六朝ヨリ唐ニ至ルマテ盛ニ支那ニ行レタルモノナルヘク之ニ類似セルモノ尚他方ニアリ

広原県ニ於ケル千仏崖ノ如キモ亦其一ナリ　之ハ大唐ノ開元三年ニ剣南道按察使銀青光禄大夫行益州大都督府ノ長吏陝西ノ万年県韋抗石ヲ刻テ道ヲ作リ併セテ刻シタルモノニシテ凡ソ一丁半ノ崖上ニ仏ヲ刻ミ亦龍門ノ如ク洞アリ龕アリ　頗ル盛ナレトモ製作龍門ニ及ハス　且石質稍軟ナレハ磨滅スル所多ク光緒三年ノ地震ニ数丈ノ岩石崩壊シテ彫刻ノ地上ニ横ハルモノ多シ(1)」

それは正に天心が自らの力で感じたあるもの——それは「アジアは一なり」というものだったかも知れないが、そこに幻のように浮ぶのは、やはり大和の法隆寺だったろうと思う。

その後凡そ十日後に西安に着いて宮島大八に会い、張廉卿に会っている。成都についたのは十一月四日だった。その前日は昔の天長節だったから三人祝盃をあげたが、「既ニ漢州城内ニ入ル、繁華北来始メテ見ル所　行人肩摩シ殆ント轎ヲ行ルヘカラス」というさかんな有様であった。しかし成都はすでにあまり多くを見なかったようだ。あと「支那行雑綴」に、十一月五日「成都城内外古蹟等巡覧」、同六日「同上」と記され翌日「成都ヲ発シ舟路錦江ヲ下リ中興場ニ泊ス」とあるのみである。

その間天心の見たものに例えば「南星駅ニ壁間基利督布教の摺物《すりもの》数枚ヲ見ル……天主教ハ明の万暦間　徐光啓の奏して龐廸俄等の説《とき》し天文等の書ヲ致スヘしト裁可して京師及各州ニ天主堂ヲ建テ併セテ暦ヲ掌《つかさど》ラシム」等の記事があり、すべて耳目にふれるものが珍らしくてたまらないことがわかる。

これから私は中国旅行、インドへの二回の紀行、アメリカへの数度の旅行について語らねばならないが、それは極めてむずかしいという印象をまずはじめに言っておきたい。というのはそれは天心の「アジアは一つ」というなぞめく語をとき明さねばならないからである。

まずその問題になると、私は竹内好さんの語釈をかりたいと思う。それは現在までにこの言葉の意味を唯一つ明らかにしたものだと思うからである。

「これだけでもわかるように、天心はアジアの名で愛または宗教を考えているのであって、武力を考えているのではない。武力は非アジア、または反アジアである。次に、一つという判断は、事実でなくて要請である。一つで『あらねばならぬ』。もっと正確にいうと『にもかかわらず……あらねばならぬ』ということなのだ。天心は、中国へは二回大旅行をしているが、その一回目の帰朝報告を見ると、南北の地域差がいかに大きいか、また、日本とはどんなにちがうか、むしろ中国は日本より西洋に近いことを強調している。アジア諸国は相互に文化がちがい、しかも相互に孤立している、というのが天心の現実認識である。にもかかわらず、アジアが一つでなければならぬのは、彼の信ずる普遍価値のためである。むろん、天心は武力を否定はしない。それは避くべからざる悪である。武力は、それを支配すべきものであって、支配されてはならぬものである。

このような天心の思想は、ほとんどタゴールと軌を一にしている。

タゴールも天心も、ともに美の使徒であり、また、少数者が歴史をつくるという歴史観においても共通である。しかし一方は、解放運動につながり得たが、他方は民衆を発見できなかった。そして無残にも侵略思想の汚名をこうむった。じつは侵略への道は、天心ではなく、彼の反対者であった伊沢のコースが準備したのである。ここにいかんともしがたい歴史の逆説がある。(2)」

ここにでてくるタゴールと、天心の反対者であった伊沢修二とについて一寸ふれておきたい。というのはそのいずれも天心の一生の運命を規定しているからである。

タゴールの伝と思想をかんたんに見るには、やはり竹内さんの『全集』第五巻の「タゴールと中国」がもっともよいのではないか。むろんそれと、もう一つ「東洋文化と日本の使命」（日印協会講演、高良とみ訳）において、タゴールの思想の意味ははっきりする。そして私は「アジアは一つ」という意味も自ずと明らかになろうかと思う。

タゴールはのちに日本に来た時に朝鮮について次のように日本を戒めている。（それはその少しあと大正十四年、孫文の言った日本人への警告と全く同じであると思う。）

「自己の安全のために、強大な国家は、自分の近隣にそのような弱い個所を、支配できないままに残しておけないのです。それは敵たちに有利な根拠を与えることは確かですし、弱体の人民たち自身のためにも、より安全であるとは思えないからです。ですから朝鮮人の眼前の問題は、道義の力を養うことによって、日鮮両方にとって名誉ある相互関係を生み出しうるような、道義関係を築くことにあります。一つの弱い民族に対して、絶対権力を行使しうる悪い機会を不幸にも背負い込んだ国民にとっては、その道徳的危険は、けっして小さくはないのでありますから。(3)」

これに対するもう一人の敵手はまた堂々たる日本の代表者であった。その人の名は伊沢修二。この人は天心伝において必ずしも良く扱われておらないが、それは初めから天心にとって好ましいものではなかった。たとえば清見陸郎の『岡倉天心』を見ると「伊沢との衝突は何が原因であったか分らないが、本来が日本趣味、東洋趣味の上に立っていた天心が、日本の音楽教育を起そうというのに、自国の伝統音楽を全然無視して、ひたすらに外国模倣をのみ事とした伊沢の主義方針に多大の不満を感じたであろうことは察するに難くない。(中略)曽てビゲロー等と共にベートーヴェンのシンフォニーを彼地で聴いて、『西洋が東洋にまさるこれぞ唯一の芸術であろう』と云った彼ではあったが、同時に後年東京美術学校校長たりし時、文相井上毅《こわし》から音楽学校長の兼摂《けんせつ》を慫慂されて、『市川団十郎を教授にさせてくれるなら』と答えて文相を閉口させたと伝えられている彼であるだけに、何かズバ抜けた施設を試みたに違いなかろうから」[4]ということになろう。

それは天心にとっては東大卒業の年であり、一方の伊沢は明治十四年にはすでに三十一歳、それまでに文部省づとめでありながら、ハーバード大学を卒業し、グラハム・ベルに学び、のちに楽石社という結社を作り、方言、吃音、唖等の改正事業を行なった(その始めは英語発音の苦労から来た)が、貴族院議員となって大正六年六十七歳で歿している。弟が同じく貴族院議員だった伊沢多喜男である。[5]

伊沢は長野県高遠町出身の士族であったが、天心とのちがいは何よりも一はその自然さであろう。その例として英語発音の矯正の苦労から、その視話法をと楽石社が生まれたように（支那語音研究と新領土への野心にも通じる）、その工夫はすべて人為的なものに限られている。私の考えでは、この伊沢を論じた唯一のものが、竹内好の全集第十四巻と第十六巻あたりではないだろうか。

ところで伊沢と岡倉をかりに一方が音楽、他方が美術を普行させたとすると、更には岡倉と小山正太郎との対立が頭に浮ぶ。それは明治十五年からほぼ三十年に及ぶ対立であるが、その原因が小山の「書ハ美術ナラズ」に対する天心の論駁であるが、それは彼の最初の論説とみなされる。天心のこの論説に対する小山の応酬は今のところ不明であるが、その後の小山（ら）の論はすべて天心にとって不利なものであった。（パリでのこと。）

しかし要するに、これらの対立は、当時日本における欧化主義と国粋主義との対立といってもよく、はるか後にまで尾を引いたものであった。私はそれを昭和十一年十一月発行の『日本評論』の記事から引用してみたい。それは「三宅雪嶺博士と明治・大正・昭和を語る」という表題のものである。三宅は雑誌『日本人』『日本及日本人』、新聞「日本」の終始幹部たりし人であるが、その時代の雰囲気を次のように伝えている。

「緒方竹虎　右翼も左翼も、みんな一緒だったんですね。

古島一雄　そうだね、まア要するに西洋嫌いだったね。

三宅雪嶺　政府反抗の方。
古島一雄　そう、政府反抗の組だなア。
三宅雪嶺　政府反抗で左翼主義になり、外国人反抗で国粋主義になる。（笑声）
馬場恒吾　条約励行派なんでしょう。
古島一雄　そりゃ、後には励行派なんだが、初めは井上条約反対。その次は大隈条約反対。それから後には条約励行となったが、しかしそれまでには大分時間があった。井上条約反対の時は、東京電報で日本新聞じゃないんだ。(6)」

その中には今我々の知っている多くの「右翼」の人名も含まれている。杉浦重剛、井上円了、志賀重昂、三宅雪嶺、内藤湖南、田岡嶺雲、久津見蕨村《くつみけっそん》、等であるが、古島一雄の伝記（古一念会編）はよくそれをつくしている。

明治文学史においてその意味での問題は井原西鶴のことであろう。そしてそこでの問題は、尾崎紅葉と幸田露伴の西鶴のうけとり方であり、写実主義と理想主義の側面であり、結局明治文学史にいわれる、紅露逍鷗の問題にまで連なる。紅露逍鷗の問題の複雑さは、その内にたとえば淡島寒月、宮崎三昧、森田思軒、饗庭篁村らの名が含まれてくることであり、それ以外にもたとえば先に引いた「日本」『日本人』に関係した人々の名もそれにつらなるからである。我が天心も後者につらなっており、同じく福富孝季、千頭清臣も同じである。

結局日本における右翼と左翼といわれるものの、その中間に右左といいきれぬある中間形態をとっており、いわゆる紅露逍鷗のシンボルそのものもそれ以外のものでないともいいうる。否、わが国においては、同じことが宗教的世界においてもいえそうである。たとえば植村正久の馬琴讃美の形などもそれであり、『代表的日本人』の内村鑑三などもそれである。私はその意味での左・右翼の中に天心をおくことに些かも躊躇しない。とくにその中でもっともよく天心の心境に近いのは露伴ではないかと思う。たとえば岩波書店の出した『座談会 明治文学史』(柳田泉・勝本清一郎・猪野謙二編)の中(九八―一〇〇頁)に伊藤整と柳田泉等による「露伴における思想と文学」という一節がある。そこでは伊藤がまず次のように語っている。

「露伴のいまのお話の、生命の考え方などにおいて、露伴には思想家としての面がはっきり若い時から出ている。仏教的または道教的な考え方かと思いますが、(中略)そういう人と人との関係。それを紅葉の場合だと、弟子と師匠ということを守って、ちゃんと、道徳にキチンと合ったようにすべきだという先入観念で、弟子に向っているわけですね。(中略)露伴はそういう礼儀作法形式を離れて我と他というような一種の抽象観念を自分のなかにいつも作って、それでいつも精神的なバランスをとっている。それが露伴の一種の理想的な考え方というか、人間の考え方が紅葉とちがって、ちょっと宙に浮いているようであって、それでなにか思想的に、人間を離れたものをもっているところじゃないかと思うのです。」

それに対し柳田泉は次のようにこたえている。

「我と人といっても、大きな我は人もいれる、我も人も一体です。それが東洋的なつかみ方ですね。露伴はそこまでいった。彼はその境地を十分その文学という形では出しきれずになくなりました。(中略) 露伴がそういう本の形で書かずに死んでしまったという点が、露伴にとって、雪嶺に比べるとたいへん残念であったろうと思う。仕方がないが。(中略) ひとつは、思想というものと文学との差別ね。思想はまとめうるが、文学そのもので、いわゆる露伴の大殿堂のままで文学に残すということは容易ならざることでしょう。その難易がある。」

さらに柳田はつづけて、昔きかされた一つのエピソードを語る。それは露伴が鷹で雪嶺は雀だ、という説である。

「それはどういうことか、と聞いたらば、鷹という鳥は、飛ぶときは千里も飛ぶけれども、飛ばんときは何日ものあいだ、止り木にヒョッと止っていて、動かんでいながらね、餌を口のところに持っていってやると、すぐよだれをタラタラとたらすほど、消化力が旺盛だ、それから雀という鳥はね、これはしょっちゅう飛び歩いて、非常に消化力が旺盛らしくみえるが、これは実はたいした消化力はない。（中略）たとえて言えば、雪嶺は雀で、おれは鷹であるとこう言ったという。そこで話をした人はあきれて引下ったのだけれども、その後しばらくたってから、露伴が小さい声で、あのときはああは言ったもののやっぱりおれも雀になっていたらよかったと言ったという。（笑声）雀の方がほんとうは楽なんだ。」

それに対する伊藤の答えも面白い。

「さっきの、読者に対して、露伴が人間的責任を負うという話がありましたでしょう。僕はああいう点から露伴と自然主義者なんかとぜんぜんちがうと思います。文体や思想の、外国文学の影響の取り入れ方や文体や、グループの取り入れ方で、断絶があるようですが、やはりつながりがあって、たとえば露伴のような感じの、そういうモティーフというのかな、作家の思想において現象をうけとる人は他にもいて、蘆花や独歩がその系統に入る。（中略）ですから、読者に対して責任を負うという点ではマルクス主義者へつながる。」

私は、天心の問題からべつに明治文学史を明らかにしようとするわけではない。ただ私がどうもわからぬことが、例えばわが国における近代文学の発達史にかかわるので、敢えてこの問題をとくことが、ひいては天心の不幸な生き方につらなると思うからにすぎない。それをかんたんにいえば次のようになりそうだと思う。

まず逍遥が近代文学の基礎を作った、といわれている。しかしそれ以前の古い文学はどこへ行ったのか？　例えば江戸文学史上に花をさかせた近松門左衛門や井原西鶴、さらには十返舎一九や山東京伝、式亭三馬らはどこへ行ったのか？　すべてそれらの名前は、せいぜい明治二十年前後には天保老人とともに消えてしまったのか、そしてそれが明らかになるのが、明治十八年の坪内逍遥の『小説神髄』と『当世書生気質』があらわれてからである、といわれているが、果して本当にそうであろうか。

そこにはあたかも「一身にして二生を経たり」という同時期の哲人福沢諭吉の名文句がぴったりするし、当時多かったという一種のノイローゼ患者や神経衰弱、ひいては自殺者の数が思いうかばずにはいない。事実、その意味での自殺者は明治文学史上に珍らしくなかった。

ただそこで問題はそのようにして「一身にして二生」を経たる人々の生き方である。とくにここで私が興味をひかれるのは、その生き方においてその身体がアジアと西洋にまたがり、その才能が美術と政治にひきさかれた場合である。そしてその間にひきさかれた分身の持主にとって、一種二重の対しかたが考えられる。一つはその分裂を分裂のままとすること、二つは分裂を調和させ、二つのものを一つに帰すこと、そのための良き師匠をうることであろう。

これを天心の場合についていえば、彼の文学や美術における江戸趣味優越は、はじめに英語を学んだことからくる西洋への愛情となり、したがって西洋趣味にかわり、あたかも淡島寒月のように、明治初年における西鶴の発見者でありながらピアノの最初の購入者でもあったというような一種の二重性が生ずる。（露伴はそれは寒月の父椿岳氏であったとしている。[7]）これはある意味での趣味の結晶化で、その意味ではどちらでもないが、天心の場合にはそのような変化がちょうど大学卒業の少しあとにおこっている。

その年は饗庭篁村が日本橋に住まい、ちょうど西鶴再評価の時代に入るとみてよいが、さらには宮崎三昧が『新可笑記』を手に入れたがぜんぜん読めないので、のちに寒月や紅葉や露伴の教えによったということである。

ここで淡島寒月のことばを少し引用する。

「一体小説という言葉は、かなり新しい言葉で、はじめは読本とか草双紙とかと呼ばれていた。それが改まったのは戊申革命以後のことである。

その頃はすべての物が改まった。言い換ると悉く旧をすてて新を求め出した時代である。『膝栗毛』や『金の草鞋』よりも仮名垣魯文の『西洋道中膝栗毛』や『あぐら鍋』

など が持て囃されたのである。草双紙の挿絵を例にとって言えば、『金華七変化』の鍋島猫騒動の小森半之丞にトンビ合羽を着せたり、靴をはかせたりしている。そういう風にしなければ読者の嗜好に投ずることが出来なかった。こうしてさまざま新を追ったものの、時流には抗し難く、『釈迦八相記』(大和文庫)『室町源氏』なども、ついにはかえり見られなくなった。

戯作者の殿としては、仮名垣魯文と後に新聞記者になった山々亭有人(条野採菊)に指を屈しなければならない。(中略)つづいて前田夏繁が、香雪という雅号で、つづきものを『やまと新聞』に盛に書き出した。(中略)話が前後したが成島柳北の『柳橋新誌』の第二編は明治六年に出た。これは柳橋のことを書いたものである。その他に『東京繁昌記』も出た。(中略)これはかの寺門静軒の『江戸繁昌記』にならったものである。(中略)

明治十三四年の頃、私は西鶴の古本を得てから、湯島に転居し『都の花』が出ていた頃、紅葉君、露伴君に私は西鶴の古本を見せた。(中略)

幸い私は西鶴の著書があったので、それを紅葉、露伴、中西梅花(この人は新体詩なるものを最初に創り、『梅花詩集』という本をあらわした記念さるべき人である。後、不幸にも狂人になった。)内田魯庵(その頃は花の屋)、石橋忍月、依田百川等の諸君に

見せた。（中略）
それから西鶴を研究し出した諸君によって、西鶴調《しらべ》なるものが復活したのである。これは、山田美妙等によって提唱された言文一致体の文章に対する反抗となったものであって、特に露伴君の文章などは、大に世を動かした。
内田魯庵君の著『昨日今日』（博文館発行）の中に、この頃の私のことは書いてあるから、私の口から申すことはこれくらいで差し控えて置きたい。（中略）
その前、饗庭篁村氏が盛に八文字屋《はちもんじや》調《しらべ》が書かれ、また、幸堂得知氏らが洒落文を書かれた。純粋に西鶴風なものは誰も書かなかったが、誰からともなく、西鶴が世の中に芽をふいたのである。(8)」
ただし「明治十三年とか明治十五年あたりに西鶴を読んでいたということはどうも怪しいですね」ということが『座談会 明治文学史』には勝本清一郎によって語られている（八九頁）。
以上、枚数も足りないのでおわりにしておきたい。とくに『半峰昔ばなし』の引用文は、原文がそうなっているので、そのままとした。

（1）『全集』第五巻、一五一頁。
（2）竹内好「岡倉天心――アジア観に立つ文明批判」『朝日ジャーナル』昭和三十七年五月二十七日号。
（3）一九二九年の日印協会での演説。タゴール前掲書、一二九頁。
（4）二一頁。
（5）故伊沢先生記念事業会編『楽石伊沢修二先生』、信濃教育会編『伊沢修二選集』による。
（6）古一念会編『古島一雄』日本経済研究会、昭和二十四年、八三頁。
（7）『露伴全集』第三十巻、二六九頁。
（8）淡島寒月「明治十年前後」同好史談会編『漫談明治初年』昭和二年、三七一―三七七頁。

■徳冨蘆花　一八六八～一九二七

蘆花断想――『思出の記』を中心として

1

蘆花の作品のうち、もし一冊を選べといわれたら、ぼくはやはり『思出の記』をあげることにしたい。そしてその理由をかんたんにいえといわれたら、その素ぼくな芸術性とともに、その記録としての価値ということを答えたい。さらに、その読後の感想を一言でいえと問われるなら、それは悲惨な初々しさの印象を与えるというふうにのべたい。明治初年の日本人の初々しさのパセティクな表現という意味である。

じっさい、蘆花の作品には若さの悲惨さとユーモアの感じを与えるものが多い。『不如帰』などもそうである。今ではあの物語の筋書はあまりにも古くさいかもしれない。その人間の描き方も、まさしく新派悲劇的な類型化にすぎないかもしれない。しかし、にもかかわらず、ぼくの最近の経験によれば、やはりそれは人を動かすものをもっている。初めの方ではたとえばその会話の稚拙なおかしさに何度も笑い出したし、あの有名な逗子の別れの場面でも思わず失笑しそうになったが、それと同時に、何かしら熱いものをその文章の底に感じとる思いがした。『不如帰』にかぎらないが、蘆花の作品の背後には、いつもある大きな男の顔が浮んでくる。その大きな顔の大きな目が、いっぱいにみひらいたままぼろぼろと涙をこぼしているような、おかしみと真剣さが彼の作品の特長かもしれないと思う。

『思出の記』では、ぼくはとくにそこに描かれた明治二十年ごろまでの青年の心と環境の記録を貴いものと思う。商売気を出していえば、明治政治史の副読本のようにして読んでほしいとさえ思う。もちろん、政治小説としては他にいくらもあるし、蘆花のものでも『黒潮』の方がそれにはよりふさわしいと考えられるかもしれない。しかし、ぼくは『黒潮』を小説としても、もしくは政治史的なセミ・ドキュメントとしても、それほど評価できない。それは未完におわっているからかもしれないがむしろ戯作的な古い人間模様を見るようで、構想力ののびやかさは感じられない。ただし、東三郎という一徹な老人の姿はさすがにぼくの心に深く刻まれている。

ところで『思出の記』は、くりかえし読んでもあきない悠々たる自然と社会と人生のゆたかな記録を含んでいる。それは蘆花の自伝的な小説であるが、そのままの伝記ではなく理想化された人間記録である。そこに登場するおびただしい人間男女の姿は、少し甘いと感じながらも、生き生きとぼくの心の中に生き、思い出すごとに静かに躍動し始める。ぼくはたとえば主人公菊池慎太郎の故郷の人々——彼の母や伯父や伯母や炭焼男の新吾やの姿に、ほとんど故国の人々に会うような懐しさを感じる。ぼく自身が西日本の田舎で幼いころに接したあれこれの老若男女のおもかげがそこによみがえり、ダブってくる。主人公の従姉の鈴江君などは篇中もっとも好ましい人物の一人である。彼女のように「超然としてすこしものごとにあくせくせぬ悠々としたたち」の少女は、私の幼い日の記憶にもたしかに存在した。ぼくがこの作品の記録性というのは、そういうことを意味している。

それはまたちょっとした地方風物の描写の中にもあらわれている。主人公がその母とともに故郷の妻籠を離れる日の峠路の描写などは、むかし教科書かなにかで読んで目のさめる思いをしたが今読んでもやはり美しい。日の光も空の色も、山や川のおもかげも、目の前に浮ぶようである。そして、少年主人公の心に故郷のシンボルのようであった高嶺山と別れて二十年後、初めて再会したその山が、なつかしさはともかく、意外に低く見えたという記述のところなどで、ぼくは思わず微笑するのである。それはたしかにそのとおりだからだ。

『思出の記』はそのような意味で、ゆたかな国民的「記憶」の宝庫である。それはすべてのすぐれた青春回想記のもつあの普遍的なイメージにあらわれている。

2

蘆花といえばどうしても、同志社退学の件と、兄蘇峰との関係にふれないわけにはいかない。それはいずれも蘆花の心の秘密にかかわることであったから。

蘆花の生涯のふるまいの中には、たしかに何か奇異の感じを与える要素がある。同志社退学のきっかけとなった校長新島襄の義理の姪に当る山本久栄との恋愛の経緯も不可思議なら、兄蘇峰との数回にわたる一方的絶交も、臨終まぎわの和解も不可解な印象を与える。いずれの場合にも、常識的には理由らしい理由がたどりにくいからである。

同志社の件を素材として書かれた『黒い眼と茶色の目』は、「不徹底の含羞から今日まで出しおくれた」告白として、蘆花夫人へささげられたものであるが、それを読んでも、主人公の「茶色の目」に対するふるまいはどこか常軌を逸している。何かしら曖昧で、とらえにくい理由をもとにして主人公は強引に彼女を斥ける。しかもその後二十年にわたって失恋の苦悩にもだえつづけている。いったい蘆花は何を感じ、何をおそれて二十年間もその過去のことを夫人にまで秘めていたのだろうか、という疑問が自然に生じる。しかしこの蘆花の心の秘密は、実は明治の青年の心の秘密をもっとも象徴的にあらわすものだったかもしれない。

京都出奔の五年後、蘆花は「国民新聞」に「夏の夜かたり」という短編を書いている。これも山本久栄との恋愛の仲を背景にひそめた小品であるが、その中に板垣退助を刺した刺客相原某の自殺にふれた個所がある。そこにぼくは蘆花その人の秘密も暗示されているように感じる。

相原が板垣襲撃で無期徒刑となり、その七年後、憲法発布のときの大赦により出獄し、板垣を訪ねて陳謝したことはよく知られている。ところが、彼はその後間もなく、北海道へ行く航海中、投身自殺をとげた。『自由党史』には「遠州灘」といい、「夏の夜かたり」では「北海」といい、別の一書では「金華山沖」とも記されているが、その死因についてもいろいろ取沙汰があった。板垣襲撃の非を悔いての自殺という説や、船中の悪者に金をねらわれて殺されたというわさや、はては板垣の政敵が教唆の証拠を隠すために暗殺したという説までが記録にのこされている。しかし、ここでの問題は、蘆花がその相原に何をみたかということである。相原はすでに刑をゆるされ、板垣には陳謝の真意を披瀝し、「心内乾々浄々何の残るところ」もなく、大手をふって生きて行ってよいはずなのに、何故自殺したのかと自問しながら、蘆花はつぎのように自答している。

「これ実にある人ある性分にありては、一のことにあい一のことを果せるの後、心内またみたすべからざるの空間を生じ、あたかも一芽すでに折れて新芽再び発するの折なきがごとく、一泉たちまちつきて新泉再びわくの折なきがごとく、幽かなる意思は彼を無底坑外にもたげんとするも、幽鬼の手は右より左より引いてこれを暗黒洞中に没せしむるが故にはあらざるか。」

つまり、世間普通の眼からはもはやなんらとがめられる筋はなくなった後にも、その心中にいったん凝固したやましさの思念が決して解消することのないような性質の人間があるということである。このような人間の典型が乃木希典であろう。彼の自決は三十数年前に軍旗を賊軍に奪われて以来の決心であったと遺書には述べられているが、これもまた世への通念では不可解なふるまいというほかはない。しかし、蘆花は、乃木の死を知って「もっともだ、無理はない、もっともだ」と口走りながら新聞で顔をおおっている（『みゝずのたはごと』）。

蘆花の解釈が正しければ、相原、乃木は同じ心的素質の持主ということになり、そして自身またそうした性格の人間であったことになる。蘆花夫人愛子は、同志社の件について「彼は元来愛の人、快活が本質で……あったが、一たん恋愛の絆に縛らるるや恋愛は神聖と意識する一方、（恋愛は男子の恥辱）と見なさんとする儒教の血も跳梁して、この新旧二元が彼の胸底で相争った結果、到頭彼は中途退学、京都出奔という敗北に身をゆだねてしまった」(『黒い眼と茶色の目』あとがき)と述べている。これは今の人にはナゾであろうし、あるいは滑稽にみえるかもしれない。しかし、愛子夫人の見方はきわめて正しいと僕は思う。はじめに蘆花の「悲惨な初々しさ」といったのもそのような事情を指している。

3

こうした蘆花の人柄を兄蘇峰は「情の人」としてとらえ、その感情の繊細さと激しさとは、しばしばその愛をうける人々を当惑させるほどであったと語っている(『蘇峰自伝』中の弔詞)。それはちょうど『思出の記』の新吾を思わせるようなユーモラスな朴直さとして語られている。もちろん、この明治時代の生んだ稀有の俗物らしいおごそかな感懐をこめて……。

蘇峰のような人物を兄としていたなら、おそらく大抵の人間が蘆花のようにふるまったかもしれない。かれを明治・大正・昭和三代の日本の偉大な制度的俗物性のシンボルとするならば、これは明治以降の日本の末弟的反逆性のシンボルとみることができよう。そしてその類推をすすめて行くならば、蘆花はたしかに「負けた」として、精神分析の絶好の対象となるかもしれない。しかし、もちろんそれはそれだけの遊戯である。僕が今も蘆花に関心をもつとすれば、ちょうど透谷や独歩の場合と同様、彼らの生活と作品によって描かれた明治の日本人の若く悲惨な魂のためである。

■内村鑑三　一八六一〜一九三〇

内村鑑三先生

私は内村先生とは少しも関係はなかった。大体「先生」とよぶのも私の立場からすると、おかしいようだが、どうもその方が私としてはすっきりする。

このしおりを頼まれてからおよそ一週間、内村鑑三のことを考えていた。そして現在考えていることは――といってもそれは私が結局そのよりどころとするというにすぎないが――鈴木俊郎編『回想の内村鑑三』、安倍能成著『岩波茂雄伝』、井口喜源治記念館刊『井口喜源治』などの書物である。人によっては「なんだ、それだけか……」といわれそうだが、これでもおよそ一週間かかったのだから大目に見ていただきたい。

1

内村鑑三という人間は実に偉大な人間である。まず彼の存在は、現代日本人のりんかくにそのままあてはまる。簡潔にいえばそれは内村自身が書いている『代表的日本人』の中の西郷隆盛にも匹敵する。それは内村のいう「日本人のうちにて最も幅広き最も進歩的なる人」であるが、私の内村に対する尊敬はそれと同じである。『回想の内村鑑三』の中に、長与善郎が乃木希典と西郷に敬意を払う内村のことをかいている。それと別であるが、私の読んだ柴田善守氏の『石井十次の生涯と思想』の中に、明治十三年、岩倉具視暗殺未遂の嫌疑で十五歳の石井が飫肥《おび》署に逮捕されたこと、その父の西南戦争参加のことが記されている。石井はのちに岡山キリスト教会牧師金森通倫《みちとも》から洗礼をうけ、その後岡山孤児院を建設した人物であり、大正三年に歿している。

内村の清冽な情熱は、信仰と歴史と芸術（文学）と科学に及んでいる。鈴木範久氏の『内村鑑三をめぐる作家たち』（玉川選書）は文学者として国木田独歩、正宗白鳥、魚住折《せつ》蘆《ろ》、小山内薫、有島武郎、志賀直哉、太宰治、亀井勝一郎、中里介山、芥川龍之介等をとりあげており、日本文学のあらゆる人々を網羅するといってもいいほどであるが、その影響作用は実に猛烈であった。たとえば国木田独歩を北海道時代の同期新渡戸稲造に紹介し て英文の手紙を書いているが、それだけを読んでも、内村の気宇のひろがりがわかるようで、それとともに内村の『国民之友』、そして徳富蘇峰とのつながりなども連想される。『回想の内村鑑三』の中に蘇峰が語っていることは興味津々だが、とくにその中で「私はつねに、キリスト教の中には、内村、植村、松村の三人を考えていた。その中で、内村は天才だし、植村はある部分天才だし、松村は普通われわれと同じ仲間だろう」というのと、二人が丸善で会ったこと、また小崎弘道の按手礼《あんしゅれい》五十年の祝会で出会い、内村が「私を天下の文壇に紹介したのはここに腰掛けていられる徳富君である。私もずいぶん悪口を云ったが、今から考えると感謝の情に堪えぬ」といったこと、それから蘇峰が「キリスト教での友達といえば石井十次、山室軍平、留岡幸助たちだった」というのまでがいろいろな連想をさそわないではいない。二人は二歳だけちがう。

今ふっと思いうかべたのは、私がまだ中学生のころ、国木田独歩の日記か何かをよんでいて、その文章にひかれ、そのため私の日記までが独歩ばりになったことがあるが、それもその頃独歩が知りあった鑑三の文章の影響のように思えて仕方がない。今はたしかめるすべもないが……。そこで一つの提案がある。もし日記というものをとくに若い日に書いていたなら、それを読みなおしてその文章にとくに誰かの影響がないかを反省してみることである。思いがけぬことに気づくのではないかと思う。

2

岩波伝は私の一高時代の旧師だった安倍さんの著書であるが、安倍さんの思い出はつきない。そこで書かれている岩波と内村の面影も大変面白いが、その中に岩波が明治三十三年に上田で内村の講演をきいて感動し、その後伊東に行ったとき内村に会い、熱海まで伴をして鞄をもち、人足同然の扱いをうけて憤慨し「手紙で向後師事しないといってやったところ、内村から懇切な返事が来たのを見て忽ち心解け、内村の日曜講演にも出席することになった」という記述がある。それは一高に入る年であるが、その後岩波は次のように書いている（昭和九年五月「内村先生」『追想集内村鑑三先生』）。

「……あの怖ろしい鋭い風貌の中に先生は極めて正直な心と限りなき情愛とを包蔵せられた。信仰人としての先生は暴風怒濤の如く強烈無比の戦士であると共に、日常人としての先生は臆病と思われるほど弱く、一片の花片を手にしても涙ぐむほど優しい人であった。云々」

このあと安倍さんのかいている半分皮肉な感想（もっともそれがこの本の魅力だが）も

面白いのだが、私にはこの本のなかには、安倍さんの内村ばりのところもあると思う。そういえば明治三十六年に藤村操が日光で死んだとき、岩波の動揺は有名で安倍さんの筆もさえているが、そのくせ安倍さん自身の『校友会雑誌』に書かれたものは全然知らぬ顔されているあたりも面白いと思う。

岩波自身のことでいうと、本文の中で頭山満への崇拝が眼をひく。安倍さんはこの点懐疑的だが、私はさらにもう一つ逆に懐疑的である。結局岩波がよりまさっているというふうに思う。もちろんこのことは内村の思想と信仰と詩情とにかかわりないことであるが。

3

内村が上田を愛したことは有名だが、更にその奥の南安曇郡穂高にまで足をのばしている。そこには井口喜源治がいた。明治二十四年三月、明治法律学校中退後、研成義塾を創立し、内村と同じ無教会派であった。彼の教えた中には荻原碌山、清沢洌らがおり、相馬愛蔵、黒光は友人であった。内村はこの地を明治三十一年におとずれているが、昭和三年には病気のため演説草稿を送っている。『井口喜源治』は二二二頁のものだが、その内容は充実したもので、とくに内村の演説の中味はすぐれている。その記述は中江藤樹にも及んでいるが、それとともにミルトン、ダンテが論じられ、さらにペスタロッチのことに言及している。そして「広い長野県において三十年一日のごとく、かくのごとき教育を試みられし事は特筆大書に値します」といっているのは決してたんなる言葉ではない。内村の眼はすべてを見ていたと思う。

ついでに私の思うことを書いておく。私は『回想の内村鑑三』の中の志賀直哉の記述が一番良いと思うし、その他魚類研究等にふれている文章にも好きなものがあるが、ここで北一輝のことに一寸ふれておきたい。内村鑑三や堺利彦の崇拝者であった彼がなぜのちに内村を罵倒したかということである。「実に内村鑑三の四字は過去数年間の吾人に於ては一種の電気力を有したり」というまさに青春の血にもえる者が、とつじょとして「茫然として出づる所を知ら」ざる者に転化したか、かつてその文章の「暴風怒濤」の中に熱血を燃した者、かの「教育勅語」に敬礼しなかったことに対し「かくの如き丈夫児の態度は吾人に於ては無限の尊崇を値したりき」と言った者が、突如としてその反対者にまわったのかということである。

しかしもとより北は普通の人間ではない。西郷に対する態度でもわかるが、無限の尊敬とともに、その死をまた無限に肯定しているのが北である。北の死自体も結局ただごととは思えない。ここで私の考えは行きづまるのだが——つまりこの内村の死と北の死（その信仰＝法華経）との間の無限のちがいに行きづまってしまう。しかも日蓮は内村が日本人の代表としている人間であった。

（一九八一年三月）

小泉三申論

1

三申《さんしん》小泉策太郎（一八七二―一九三七）にはまとまった伝記もなく、年譜として参考すべき刊行物もないようである。『小泉三申全集』（岩波書店、昭和十四―十七年）第一巻の予告を見ると、その第六巻に白柳秀湖執筆の小伝を収めることになっているが、この全集は第一―四巻を出しただけで中絶したため、この小泉伝というのも日の目を見ないことになってしまった。三申門下というべき文人には、他に木村毅あり、林房雄あり、いずれも三申伝執筆の最適任者と思われるが、それらの人々にも、この興味ある人物についての伝記はないようである。さし当り林房雄氏など、『大東亜戦争肯定論』などよりも、「小泉三申論」を執筆してもらいたいものと私などは思う。氏の年少の友人三島由紀夫氏にはみごとな『林房雄論』があるではないか？

現在、三申小泉策太郎の名前を覚えている人々は必ずしも多くはないようである。とくに若い世代にとってはそうであり、たとえばその名前を問われて、かつての幸徳秋水の親友、のちには政友会随一の策士、晩年にはコミュニスト林房雄のパトロンでもあったという断片的な知識さえもっている学生は少ないようである。だから、はじめに、ごく簡単に小泉の経歴と為人《ひととなり》を紹介しておくのが便宜かもしれない。

「小泉策太郎、三申と号す、静岡県賀茂郡三浜村子浦（現在、南伊豆町に入る）の人。明治五年十一月三日、小泉定次郎の長男として生まれ、同村の小学校成功館に学ぶ。餓鬼大将ぶりも学校成績も村一番、絵本持ちとしても村一番であったという。訓導桐野虎次郎（幕臣・儒者）に漢籍を教えられ、読史の趣味を学ぶ。明治十九年、上京、銀座二丁目舶来鉄物商小島為助方へ徒弟奉公に入る。明治二十年、帰郷、成功館教員となる。同年、創刊された『国民之友』を耽読し、文章に眼を開く。明治二十一年九月、教員を辞職、翌二十二年四月、改めて三浜尋常小学校授業生となる。明治二十六年、自由党系「静岡日報」に入ったが、数カ月で退社、上京、放浪、大衆小説家村上浪六方に再度にわたり食客となる。その間、浪六の盛名に刺激され、『新小説』の懸賞に小説一、二篇を投稿、その一つが一等に入賞した。明治二十七年、板垣退助を社長とする「自由新聞」に入社、幸徳秋水、堺枯川らと識り、終生の交りを結ぶ。入社早々、史伝「慶安騒動私見」を連載（明治二十九年「偉人史叢」の一巻『由比正雪』として刊行されたもの）。のち星亭の「めざまし新聞」に移り、明治二十八年、日清講和談判当時には、特派員として広島に出張。この頃から生活のための著作多く、明治三十年中には、『加藤清正』『明智光秀』『織田信長』の三冊を刊行、年少の史論家として頭角をあらわす。明治三十一年（?）自由党系、「九州新聞」創刊に当り、その主筆として招かれ、熊本に赴任、安達謙蔵（「九州日日」）、古島一雄（「九州日報」）、高橋光威《みつたけ》（「福岡日日」）らと角逐する。

明治三十六年「九州新聞」をやめて上京、財界進出に転換、米相場、石材売込みなどを策し、さらに明治三十七年十一月、週刊「経済新聞」を創刊、その成功によって兜町に勢力をきずく。同じ頃、印刷所三協舎の経営にも着手、以後、大正期にかけて、東京市街鉄道株式会社、朝鮮瓦斯《ガス》電気株式会社、馬来《マレー》護謨《ゴム》栽培株式会社、大連株式商品取引所、等々の要職を歴任、相場師、実業人として名を知られる。

この間、明治四十五年、かねての素志を実行して静岡県より衆議院選挙に出馬、当選。以後当選七回、政友会に所属し、大正十四年、同会顧問、のち総務となり、政界の黒幕、策士の名を喧伝される。昭和二年、田中内閣の下に行政制度審議会委員（親任待遇）となったが、同三年、田中義一首相と所見を異にして政友会を脱党、以後無所属のまま常に政界風雲の策源地として注目されながらも、書画・仏像に親しみ、文筆を友として晩年を送る。昭和十二年七月二十八日歿。号三申はその生まれが申の歳、申の日、申の刻であったのに因み、十二、三歳の頃、その師栂野《とがの》梅次郎が選んでくれた俳号に由来する。」

右に掲げた略歴は極めて不完全なものであり、幾つもの空白の外、年時についても不確実な点が少なくない。ここでは、たんに小泉の人間的履歴を彷彿せしめるため、二、三の関係資料を補綴してみたにすぎない。しかし、もしここから、小泉の人間像がきわめて複雑な輪郭をもち、その経歴が異常な屈折にとむことさえ理解されるならば、さし当りの目的は達成されたことになる。『全集』に挿みこまれた広告ちらしに、多分白柳秀湖の筆かと思われる次のような文章が印刷されているが、両者あわせて、まず小泉の人間的イメージを提示するには足りるであろう。

「三申小泉策太郎翁の一生涯は七ころび八起きの不倒翁《おきあがりこぼし》のようである。年少、小説家を志して浪六に師事し、新小説に発表した処女作は早くも鷗外に認められ、別に続々と史論を発表して、その『信長』の如きは今日も、弱冠三申にこの史眼ありしかと蘇峰氏の賞讃される所となっている。ついで自由党系の新聞記者となって民権のために万丈の気焔を上げ、ついで筆を収めて財界入りをして、相場の方面でも同業者仲間を瞠目せしめた。ついで政界に現われて政党最も華かなりし頃の政友会の重鎮と推され、高橋是清に栄爵を辞職さして裸一貫にして選挙を争わせたのも、田中義一にサーベルを外ずさせて丸腰にし政党総裁に引きこんで来たのも、みな三申翁が蔭にいて打った芝居である。政界策士の名、騒然として一世に高かった。晩年は政治に意を絶ち、元に還って専ら文筆を弄するのが唯一の娯しみであった。趣味博洽《はくごう》、識見高邁、人生の甘酸に徹し世相の機微をつき、政客の俗臭なく、文人の迂腐《うふ》なく、請うところの『大人のための文学』とは、この三申全集を措いて外にない。」

2

これらの記述において、まず注目したいことは、そのいわゆる「七ころび八起き」という生涯の変転ということである。

その経歴の屈折と多面性は、三申の人間形成と、さらには、その政治への接近の特質を理解する重要な外形上の手がかりであろう。というのは、端的にいえば、三申の最大の親友であった幸徳秋水をはじめ、多くの自由党系政治青年もしくは思想家たちが現実に生き、もしくは生きようとして生きえなかったさまざまの可能性を、三申はその一身の中にことごとく生き、もしくは生きようとしたのではないか、ということである。そして、当面の問題でいえば、三申のそうした生き方から形成されたそのパースナリティなり政治的な知恵なりが、策士・謀師としての彼の能力を作り上げた一要因ではないか、というのが、私の推測の一つである。そしてそのことを見るためには、策士としての三申の名を高からしめた護憲三派運動における彼の黒幕ぶりをいきなり見るよりも、まずその青年期における政治もしくは歴史関心を、とくにその莫逆《ばくげき》の友秋水との対比において見ておくことが重要だろうと私は思う。

秋水と三申の友情がいかに深切なものであったかは、秋水の明治三十二年の日記「時至録」をひもとくだけでも彷彿とする。また、その獄中からの書簡、とくに死刑の三日前に記された三申宛の文中に「兎に角貴様には是迄一方ならぬ世話になって遂に報ゆることを得なかった。明日知れぬ身だから此機会に於て深く感謝して置く」というような文字があるのを見てもわかる。三申が幸徳の墓碑銘を書いていることも、未亡人師岡千代子の世話を二十年にわたって看つづけたことも、その真情の証しであるし、別に堺利彦、鈴木天眼、長田《ながた》偶得《ぐうとく》など、両者の友情に関する証言を書き記した人々も少なくない。要するにそれは、ほとんど人生論的な味わいを含んだ劇的な友愛であった。

もともと、三申の友に対する愛情の深さは、つとに明治期の不遇なジャーナリストの一人鈴木天眼によって「我三申の如き一旦相許せば、則ち終生渝《かわ》らざる愛念と義理との堅固なる者を見るは（当世）寧ろ珍異の事にして、特に同人間の之を至宝視する所以なり」と讃歎されていることでも知られるように、その人間性の著しい特徴であった。ただ秋水との場合は、一般に政治と思想ないし生活と学問とに対する両者の姿勢の差異というべきものが、やはり注目されるはずである。後年、三申は秋水問題に関して、次のように語っている。

「僕は幸徳のことでも、よく人に、ああいう異端、社会主義の、今でいうシンパのようなことをしたのは、やはりその主義に興味を持たれたのかと聞かれるが、これは簡単明瞭、かれ等の主義主張に共鳴したのではない。いささか友誼、友情、友道につくしたのみである。人心の異なることは、なおその面の如し。いかに親友でも、思想は必ずしも一致しない。殊に僕と秋水、堺もおなじく、親友であるとともに政敵でもあったが、だまってかれ等の社会主義運動を見ていて、一言も忠告したことはない。しかし晩年に大分幸徳の思想が危険性を帯びて来て、政府の圧迫も激しくなった。そこで要するにきさまの社会主義も、一つの学説の研究であろう、学問の一科目とすれば、試験室へ入って、蚤の卵がいくつあるかということを研究しても、面白くて人間の一生を託するに足る。御本人には非常な興味を感じるだろうが、きさまは、そうした研究家としては、学問があり過ぎる、常識があり過ぎる、文章がうま過ぎる、その学問、常識、文章をもってすれば、一生涯を託すべき面白いことは、他にもいくらもあるはずではないか。一つ気を変えて、当分でもよい——専門的に歴史の研究をして見ろ、殊に日本の歴史を研究して見ないかと勧めたものだ。（略）仮にきさまが社会主義者であっても、また無政府主義者であっても、その事業をやることと矛盾はない、そうしている間に、自からきさまの安住の天地が発見されないとは限らない、社会主義とか、無政府主義とかいって、革命家の仕事に任ずるのには、きさまは余りに智恵があり過ぎたり、からだが弱過ぎたり、過ぎたものばかりだ。幸いにしてもっと安易な境涯が発見されるならば、きさまも意外な方面に半生を託することができるだろう、云々」（「暖窓漫談」）

これらの言葉を通して気づかれることは、三申が決して抽象的学理もしくは原理にコミットする人間ではなく、むしろいわば人間そのものへの濃厚な関心の持主であったということである。そして、これは、いわゆる黒幕ないし策士の充分条件ではないにせよ、必要な資格であることは、たとえばS・ツワイクの傑作『ジョゼフ・フーシェ』伝を見ても了解されるであろう。フーシェはまずその僧院生活において、千年以上の伝統をもつカトリック人間学に通じることによって、のちにはパリ警視総監としてあらゆる人間についての情報を掌握することによって、政治の世界に不思議な影の作用を及ぼした人物であるが、同時にその生涯が一種完璧な無原理によって貫かれていることも、ツワイクの指摘するところである。

一般にいわゆるブレーン・トラストないし政策立案者とことなり、政治的黒幕・策士といわれるものが、政策によって政治的局面の展開をはかる人間ではなく、逆に人間を動かすことによって、政治的局面の打開・転換をはかる存在であると規定されうるとすれば、彼らにとって、何よりも必要な資格は、原理ではなく、人間の精通者であるということであろう。三申の場合も、その資格は、青年期における生活と学問によって養われたのであり、とくに、彼をして、その意味での人間通たらしめ、また大政党総裁をも動かすほどの迫力をその言動に与えたものは、その読史の素養にほかならなかったと私は思う。

その意味では、彼の処女史伝というべき『由比正雪』をはじめ、上記の幾つかの史伝を詳しく見る必要があるが、ここではその余裕はない。ただ、上述のことがらと関連していえば、何よりも彼の史伝が、その若年の著作であったにもかかわらず、感情移入と客観的評価の秀れたバランスを示していることは注目さるべきであろう。民間史家としての三申を徳富蘇峰・山路愛山・竹越三叉もしくは北一輝など、ひろく在野歴史家の中にいかに位置づけるかということは、それとして一つの問題をなすはずであるが、ともあれその史伝の特質の一つは、人間を劇的なるものとしてとらえる嗜好がきわめて自然な形であらわれていることであろう。彼は、信長のドラマに感動するのと同じように、光秀のドラマに歴史家としての共感を惜まない。いずれが順、いずれが逆という原理の観点はここにもまた存在しない。いわばそこには、あるすぐれた主情的感動を与えるものへの平衡のとれた共感のみが一貫している。それは、くりかえしていえば人間への共感であってその人間の信奉する「思想」への共感ではない。小泉の歴史記述と、実際生活における思想的寛容とは、その点に関連している。たとえば、鈴木天眼は次のように述べている――

「今にして検すれば、小泉君が少壮にして、轗軻《かんか》落魄《らくはく》の際、米塩の資料として執筆しける此由比正雪一巻は、叙事平穏、論断平正、少年血気の士の作と必ずしも覚えざる文趣を具《そな》うるなり、是豈《あに》三申其人の人格の流露を徴す可からざらむ耶《や》。由比正雪ちょう書名を聞く時は、著者も亦冒険弄危を愛する人かと想像されなむが、著者の性格は実に書中の文辞の平正迫らざるが如くに然る也。」

由比正雪と、信長と、清正と、光秀と、いずれも尋常の性格、運命の持主ではない。あたかも幸徳がそうであったように。しかも、そのいずれに対しても、三申は青眼を以て平正にその生活を叙述し、もしくは現実にその最後を見とっている。いずれにせよ、三申は、いわゆる「思想」により人を見るという習性からほとんど全く自由であった。

「赤に対してすら、私はむしろ青眼をもってこれを見て、世間並の深酷な見方はしない。その気持が林房雄君に幾分の関係をもつ。」(「暖窓漫談」)

これは、白柳秀湖がつれてきた林房雄に対する小泉の温かい庇護に関連しているが、昭和九年冬、林の下獄にさいして、伊東の別荘の空家を林家の生活費節約のため貸してくれたのが三申であった。

しかし、こうした思想的寛容というのは、近代的原理としてのトレランスというのとは異なっている。三申はその素養から言っても西欧的思考法には無縁だったというべきだし、その寛容はむしろ没思想の立場から生まれている。いわば三申の人間論の基本的立場は、ある人間の劇化価値というか、共感の容量に関係している。そうして同じその人間論が、彼が政友会の策士として活躍する場合の根源的な武器ともなっている。たとえば彼は次のような形において人間を動かす。

「死んだ横田千之助は彼れの親友であった。それが云っていた事に、小泉は革命家だ。だから小泉と話している内に、情熱を吹き込まれて、自分は元気が付く、なんでもやってのける勇気がつく。二、三日して意気銷沈《しょうちん》すると小泉の処に行って話しをする。そうするとまた元気が出ると云った。革命家と云うのは唯の形容詞に過ぎないけれど、小泉が燃ゆる如き情熱を胸に貯えている事は事実だ。」（馬場恒吾『現代人物評論』）

ここでいう情熱というのは、多分M・ウェーバーが『職業としての政治』であげている政治家の三つの資格の一つ――あの事実《ザッヘ》への情熱というのとは異なっている。後者の意味での情熱は政治家《ステイツマン》を作るが、それは黒幕・策士を作る情熱とはことなる。前者は政治的局面のドラマタイジングへの情熱であって、政治的な事実関係への冷徹な認識のそれとは異質である。しかし、それこそが正に小泉の人を動かす力の根源であった。

政治家としての小泉の生涯において、恐らくもっとも生彩にとむのは、大正十三年護憲三派を結集して清浦内閣打倒に邁進した時期であろうが、そのきっかけをなした出来事の一つは、小泉が総裁高橋是清の真意を叩き、彼の辞爵、衆院進出の決意をひき出したことであった。ここでも興味をひくのは、当時、政友会の柱石と見なされた横田千之助さえが、高橋の真意打診の役割は小泉以外にはないと判断し、再三の説得によって、物臭がる小泉を高橋邸に派遣していることである。小泉のそうした能力は、局外者から見ると全く不思議な感じがするほどであるが、それもまた上述のような「情熱」に由来しているし、そのさい、彼が他を動かす力は、ある政治的局面を、一個の典型化された歴史劇の情景として描き出してみせる能力をともなうものであったとみてよいであろう。高橋との会談の場面は、馬場恒吾によれば次のようなものであった。

「高橋に会って聞くと、高橋の決心と云うのは、自分が政友会総裁であるが為めに、政権が政友会に来ないのであるから、自分は総裁を止めて、政界を引退する。あとは政友会は団体の代表委員制ででもやって行って貰い度いと云うのであった。

其決心が余りに悲壮なのに釣り込まれて、小泉は持前の激情を勃発せしめた。恰も狐に乗り移られた心持ちなのである。(略)だから小泉は昂奮して、『政党首領はそんな詰腹を切らされて引退すべきものでない。原の横死で政友会は大阪城に来たのだ。関ヶ原の一戦なくして、政友会が治まる筈がない。其戦いを闘うには今が時機である。貴族院が政権を握るに対して、吾々は衆議院本位で進む、吾々の方が正議正論だ。総裁も貴族なんか廃めて、衆議員に打って出る。そして関ヶ原の戦争をやる決心をなされ度い』と云った。其処になると高橋の恬淡無慾の性質が発露した。

『よしやる。華族を廃めるなど何でもない。君其手続を教えて呉れ』

闘争の感激に燃えて二人は深更泣いて別れた。」(馬場、前掲)

この直後から三申の大活躍が始まるわけだが、この前後の経緯は、護憲運動史上の著名な事実であるから省略する。ここでは、ただ、三申が人を動かすのに当って、理論や心理に訴えるというよりも、人を全状況としてとらえる強力なイマジネーション、つまり歴史的状況のドラマティックな模写という方法に訴えていることを想見するだけでよい。上述の文章だけでは簡単すぎてその間の消息が充分にはうかがえないかもしれないが、たとえば三申は、当時の政治状況を次のように見るのである。

「原亡き後の政友会は、あたかも秀吉薨《こう》じて後の大坂政局の情況と相似ている、諸侯にわかに統率者を失って適従する所がないのに、閣僚――太閤時代の五奉行、石田、増田等に対する、軍部――加藤、福島、浅野などの武勲派の不平がある、秀吉の盛時、已に関ヶ原の危機が萌《きざ》しているから、到底無事には治まらない、概略《ざっと》そんな風に考え、何時《いつ》かは知らず必ず爆発するものと、冷静に観測していた、云々」(「懐往時談」)

3

いわゆる策士としても、人間としても、三申についてはまだ論じたいことが少なくないが、紙数もつきたので割愛する。ただ、たとえば『松本剛吉政治日誌』『西園寺公と政局』等々にあらわれる元老の見た三申という問題は、やはり注目されるはずである。そこでは概して三申への不信感の方が濃くあらわれており、たとえば「(田中義一が)小泉如き者に玩弄物にさるることは誠に困る。過日も小泉来り盥廻し云々と言いしが、盥廻しという語は自分は知らないが、人の教えを受けたるに、相場師か何かが使う語だそうだ。そういう連中を当にしてやる事は誠に困る」とか、「文章が偉いとて政治はやれるものではない。そういう事を行うた後文章にも必要があるが、之等のことは余程注意して貰わねばならぬと言い、暗に小泉策太郎のことを語られたり」とか、西園寺が小泉を一面では近づけながら、冷徹にその政治的飛躍を測定し、心を許さないでいる様子が歴然とあらわれている。これをたとえば、『随筆西園寺公』（全集第三巻）にあらわれた小泉の靄然《あいぜん》たる傾倒と対照するとき、日本政治における最高の黒幕としての元老と、漁村生まれの俊敏な一策士とのコントラストは、私などに無限の興味をいだかせずにはいない。

■頭山満　一八五五～一九四四

頭山満――伝説化された最後の国士

1　頭山満の人間像

頭山満《とうやまみつる》の名前で筆者がはじめに思い出すのは、まず西郷隆盛の名であり、つぎには中江兆民、それから犬養毅であるといえば、あるいは怪訝な顔をする人が多いかもしれない。しかしそれが筆者には本当のことである。

頭山は安政二年（一八五五年）四月に福岡の黒田藩馬廻役筒井亀策の三男に生まれ、明治元年（一八六八年）、十四歳の時には太宰府天満宮に詣で、その満の字をとって名を満と改め、それ以後頭山満の名でとおした。頭山の姓は母イツの里方である頭山家の養子となったからである。

なぜはじめに西郷のことを思い出すかといえば、まず藤本尚則のことを思い浮かべるのが適当だからであろう。というのは頭山満伝のうち、不思議にこの人の書いた『巨人頭山満翁』一冊がきわだっており、まさに頭山満百科事典というべきものであるからである。氏は最近亡くなったが、生まれは土佐の人で、同じく『青年坂本竜馬』という快著をものしている。戦前朝日新聞社につとめ、頭山とも親しかったし、明治大学出身者でもあった。そして『巨人頭山満翁』のなかには同じ九州鹿児島の西郷のことも詳しく書かれているが、筆者の記憶に残るのはつぎのような話である。明治十二年十二月、頭山は二十五歳の時である。

「川口老人の話の通り、まことに其頃の鹿児島は、何とも言えぬ寂しさであった。その時老人は、予《かね》て大西郷が愛読していた『洗心洞劄記《せんしんどうさっき》』を出して見せてくれたが、幾度も幾度も繰返して読んだものと見えて、紙の取れた所があって、そこは大西郷の自筆で書き入れをしてあった。又別に西郷秘蔵の大塩の書があった。大西郷があんな磊落《らいらく》な人でありながら、其書幅に限って非常に立派な表装をしてあった所を見ても、西郷がどのくらい大塩を慕っていたかがわかる。それから俺はその洗心洞劄記を借りて宿へ帰って読み、薩摩を立つ時そのままそれを持って帰った。」

ここに「川口老人」といわれるのは川口雪蓬《せっぽう》で、あるいは大塩平八郎自身か、その子格之助のいずれかとうわさされた人物である。平八郎が死んだのは天保八年（一八三七年）で、西郷が生まれたのは文政十年（一八二七年）であるから、この妄想には根拠がまるでないわけでもない。そしてこのふれあいは西郷がまだ沖永良部島に流されていた二年間におこった。この空想は筆者にとって、火を噴く桜島の光景とともに無限に空想をそそるものである。頭山の頭脳に浮かんだものが何であったかも想像することができそうである。因に西郷と頭山とはついに出合うことはなかった。

しかしそれはここらで打切りとして、つぎになぜ日本のもっとも優秀な頭脳であった中江兆民のことを連想するかといえば、筆者はやはり兆民の死の時の頭山との問答が思い浮かぶ。それは明治三十四年（一九〇一年）十二月のことで、『巨人頭山満翁』によれば、その最後の会見はつぎのようなものであった。頭山は語る――

「その後病気をしていよいよ危篤だときいたから、せめて玄関までと思い日下部正一と一緒に訪ねたが、奥さんが出て来て『病人が毎日毎日あなたに逢いたがって、石盤にあなたの名前を書いております』とのこと。上って病室に通ると、中江は喜んで俺の手を握りしめ、暫《しば》しがほどものを言いたげに俺の顔を打守っていたが、病気でものがいえないものだから、そばにあった石盤に『伊藤山県駄目、後の事気遣われる』と書いて、双眼に涙をたたえていた。そこで俺が『ウム、ウム』といって二度うなずいたら非常に喜んで、それから日下部の方に向いて、また石盤に『まだ立つ』と書いて、拳を作って、前腕を二三度、上の方に振り立てて、ニッコリ笑った。生死の瀬戸際に臨んでも磊落なものじゃった。」

兆民の『一年有半』には頭山への賛辞がつぎのように読まれる。

「頭山満君、大人長者の風有り、且つ今の世、古の武士道を存して全き者は、独り君有るのみ、君言はずして而《しか》して知れり、蓋《けだ》し機智を朴実に寓する者と謂う可し、」

中江の生き方は自由民権運動の中心として、わが国の唯物論の先駆として知られ、さらに西郷隆盛の敬愛者であったことは、愛弟子幸徳秋水の書いたもので知られている。二人の年齢は、兆民が弘化四年（一八四七年）、満が安政二年（一八五五年）の生まれで、兆民が八歳の年長であった。

つづいて犬養毅のことになると、ちょっと趣をかえてまずその生まれのことを問題にしたい。生まれは岡山県吉備町、その祖先は同地吉備津《きびつ》神社に合祀された犬養健命であるという。そして犬養の生まれたのは安政二年であるから、頭山とは同じ年齢である。そして二人の交友は何かある共通のものが感じられる。というのはいずれも福岡に縁があるということである。もちろん福岡とは黒田長政が九州博多に城を築いたとき、その地に名づけたものであるが、それは現在岡山市の東側にある福岡をもじったものといわれる。この福岡は一遍上人絵伝にのこる備前福岡市《いち》のことで、この地は長政の父・黒田官兵衛（如水）ゆかりの地である（司馬遼太郎・林屋辰三郎『歴史の夜咄』）。それは昔から海上交通の要衝で、西部から京都を制するには絶好の地点であった、といわれている。

それともう一つ、この岡山の地が古代において出雲の国と地つづきであり、ひいては朝鮮との海上交通の連想を誘うことである。それとともにさかのぼっては犬養の遠祖がそうした交通に関わりがあったのではないかとも思われ、さらにはその学問上のことも思われる。つまり犬養の学問上の祖先は山崎闇斎《あんさい》であったが、その山崎がはじめ朱子学であり、そして朝鮮の李退渓に私淑しながらもそれを捨て、垂加神道にかわったことも漠然と連想させる。要するに筆者は、その祖先以来の伝承が朝鮮から中国へと自然につながると思っているのだが、たとえばそれは頭山満と犬養と孫文とを結ぶものであった。のちに「木堂《ぼくどう》は厳師の如く、立雲《りつうん》〔頭山の号〕は慈父に似たり」と評したのは孫文の弟子というべき汪兆銘であるが、その事情もわかるようである。

2　右翼の巨頭

頭山の人に与えた印象は大体想像されると思うが、要するに「右翼の巨頭」である。その例として『冒険世界』（明治四十三年〔一九一〇年〕）が「痛快男子十傑」として大隈重信、雨宮敬次郎、花井卓蔵、頭山満、常陸山《ひたちやま》、下田歌子（番外）らをあげ、そのうち「現代豪傑」の得票順を見ると、「頭山満—一万一五三八、三浦梧楼《ごろう》（観樹）—八七三一、乃木希典—七三七七、河野広中—七〇五八、大隈重信—六六四三」等になっているが、この得票順は筆者も同じように今も変わらない。というのは、そのあとに付された頭山評価——「その人気一世を籠蓋《ろうがい》し、その人格蒼莽方物すべからず、ある時は深沈大度《しんちんたいど》の英雄の如く、ある時は深山大沢《しんざんだいたく》の魔物の如く、また山師の如く、国士の如く、万金を抛《なげう》って志士を養ふ。その着眼非凡にして一種奇異の人物たり」——に筆者も賛成するからである。ただ「豪傑」というのは今ではあまり用いられず、「昔豪傑というのがいた、云々」という中野重治の詩がそのよい記念であろうが、この言葉は今はかんたんに「スター」とか「ヒーロー」とかに用いられている。

『頭山満翁正伝〔未定稿〕』により、今その賛辞の一部をふりかえってみたい。

「〔杉浦重剛談〕ある時加藤〔敬助〕君宅に自分と頭山君とが招れて行ったとき、談論風教頽廃の事に及ぶや、頭山君はかういふ風になったのは伊藤井上大隈などが上に立って下等の手本を示したからであると云ひ、自分もまたその本は福沢の拝金主義にあると述べて、西郷大久保木戸等の清廉潔白な人格を語りあったこともある。……自分は第一議会に代議士に選ばれ、間もなく辞職して以来、政治界には遠ざかっているが、外交上の問題で近衛公や頭山君と星ヶ丘茶寮において会合したことがある。それから今一度近衛公の宅で頭山君と同席したことがある。その時は鳥尾《とりお》（小弥太）将軍も一緒であった。」

この杉浦重剛は頭山満ときってもきれない存在である。というのは、藤本尚則の書物を皇室に献上したのが杉浦であり（それは大正十一年〔一九二二年〕四月二十七日のこと）、それに題字をかかげた者は杉浦、三浦梧樓、犬養木堂、河野磐州、大石正巳、野田大塊《たいかい》、八代六郎海軍大将、後藤新平、序文は三宅雪嶺、徳富蘇峰らであるが、これらの名前がすでに古いものになっているといえばそのとおりである。しかし筆者は必ずしもそう思わない。それらの名前はいずれもすぐれたものであり、もし強いて名づけるならばいずれも日本人たるにふさわしいものである。たとえば徳富蘇峰の名が現代においてよみがえったということも考えられるではないか。

つぎに鳥尾小弥太の名前も頭山伝で欠くことができない。保守中心を叫び、仏教徒としても有名なこの人物は頭山と親しかった。長州出身の三浦観樹とならぶ、保守派の筆頭である。

ここでついでながら頭山満伝にあらわれた知名人を、その順に列記しておきたい。その場合、重要事件をあわせて記すことにする。

明治十年（二十三歳）　母イツ逝く。その後九月二十五日、頭山萩の獄を出ず。

明治十一年　五月十四日、島田一郎、大久保利通を斃す。頭山、土佐に板垣退助を訪う。

植木枝盛を伴い、福岡に民権論を唱う。

明治十二年　大阪の愛国社再興大会に参加。鹿児島を訪う。

明治十三年　土佐再訪。五月初めて上京。六月、河野圭一郎と会う（福島）。

明治十四年　玄洋社をつくり、平岡浩太郎を社長とする。十月十二日、国会開設に関する大詔渙発。

明治十五年　壬午兵乱（朝鮮）。四月六日、板垣退助傷つく。

明治十六年　柴四郎、福岡に来り、玄洋社歓迎会を開き、大野仁平らと大乱闘、和合。

明治十七年　九月、加波山反乱。十二月四日、朝鮮独立党の朴泳孝、金玉均ら、事大党に反抗、頭山、朴、金らと神戸に会見。

明治十八年　十一月三日、大阪事件おこり、来島恒喜、的野半介らの釜山語学校、挫折。この年、峯尾夫人と結婚。

明治十九年　八月十二日、北洋艦隊、長崎に来る。この年、荒尾精と交りを結ぶ。

明治二十年　四月十二日、鹿鳴館舞踏会。七月二十九日、井上馨、条約改正を無期延期。八月十一日、福陵新報を創刊。十二月二十六日、保安条例公布、五百余名東京を追われ、頭山はとどまる。

明治二十一年　一月十九日、箱田六輔逝く。

明治二十二年　四月十九日、ロンドンタイムスに大隈重信の条約改正案発表、頭山ら猛反対運動をおこす。十月十八日、玄洋社社員来島恒喜、大隈を襲撃、自殺。
明治二十三年　実父筒井亀策逝く。この年、頭山炭鉱を売らんとし、後藤象二郎、福沢諭吉ら斡旋するも成らず。
明治二十四年　二月五日、会津の広沢安任逝く。三月三十一日、高場乱逝く。五月十一日、大津事件。十二月二十五日、松方内閣、衆院解散、従来関係深かった民党に対しかえって政府を支持。
明治二十五年　二月、第二回総選挙。頭山、玄洋社社員を率いて民党に対抗。
明治二十六年　六月二十七日、玄洋社社員、天佑俠を組織、頭山の送別をうけ釜山に赴く。
明治二十七年　三月二十八日、金玉均東京出発、上海に渡り、同地において殺さる。五月十八日、香月恕経死す。この年夏、佐々友房、荒尾精と義兄弟の約。
明治二十八年　十月八日、閔妃事件。
明治二十九年　十月三十日、荒尾精逝く。
明治三十年　八月四日、後藤象二郎逝く。同月二十四日、陸奥宗光逝く。
明治三十一年　六月三十日、板隈内閣成立。この春、孫文日本に来り、頭山、犬養等と相知る。

明治三十二年　五月十一日、川上操六逝く。同月二十三日、安場保和逝く。八月十九日、丸山作楽歿す。

明治三十三年　二月二十六日、品川弥二郎逝く。

明治三十四年　六月二十一日、星亨、伊庭想太郎に殺さる。十二月十三日、中江兆民逝く。

明治三十五年　七月十八日、西郷従道逝く。

明治三十六年　十月一日、田村怡与造逝く。

明治三十七年　一月一日、近衛篤麿逝く。八日、孫文東京に来る。

明治三十八年　一月三十一日、副島種臣逝く。四月十三日、鳥尾小弥太逝く。六月二十一日、神鞭知常逝く。

明治三十九年　九月二十八日、佐々友房逝く。十月二十四日、平岡浩太郎逝く。

明治四十年　二月七日、奥村五百子逝く。二月十日、本因坊秀栄逝く。

明治四十一年　十月、戊申詔書出ず。

明治四十二年　五月、トルコのイブラヒム来り、頭山、犬養等と会う。十月二十六日、伊藤博文、ハルビンで殺さる。

明治四十三年　一月二十八日、赤羽四郎逝く。八月二十九日、日韓併合条約発表。

明治四十四年　一月五日、政教社主催新年宴会、頭山、三浦梧楼、杉浦重剛ら会す。同月二十日、雨宮敬次郎逝く。四月二十八日、河島醇逝く。五月十三日、谷干城逝く。十二月二十三日、頭山、東京を出発。

明治四十五年（大正元年）一月六日、孫文、黄興の二人、頭山、犬養に正式会見を申込む、同八日、両者会見。二月二十六日、頭山、犬養、寺尾亨ら、黎元洪に対し忠告。五月十四日、岡本柳之助、上海に逝く。同二十五日、岡本の葬儀にて藤本尚則、はじめて頭山に会う。七月三十日、明治天皇逝く。八月十四日、元老重臣は「精神的に殉死せよ」の頭山談話を朝日新聞にのせる。九月十三日、乃木夫妻殉死。

大正二年　九月六日、阿部守太郎殺さる。九月七日、孫文、亡命し神戸に来る。頭山、これを保護す。十月十日、桂太郎逝く。

大正三年　二月十六日、青木周蔵逝く。三月十五日、長谷場純孝逝く。五月二十八日、山座円次郎逝く。

大正四年　十一月二十八日、亡命中のインドのグプタ、タゴールに対し本邦退去の命が下るが、頭山邸を出て行方不明となる。

大正五年　一月十一日、高島鞆之助逝く。六月五日、インドのタゴール来日。八月十七日、大久保暗殺の陸義猶逝く。九月九日、千頭清臣逝く。十一月一日、貝島太助逝く。同月七日、桃中軒雲右衛門逝く。同月十七日、黄興追悼会に頭山、犬養ら多数参列。十二月十日、大山巌逝く。
大正六年　二月三日、インド詩人、横浜に入り、入京。この春、フランス詩人リシャール夫妻、来る。三月七日、林薫駐中国公使、南京をたち帰任。頭山、とくに東京駅に見送る。七月二十二日、斎藤二郎逝く。十月十三日、頭山、寺尾らの日支国民協会、寺内内閣の段祺瑞に対する武器援助を以て内政不干渉主義に反するとして反対決議。十一月二十九日、的野半介逝く。
大正七年　二月七日、宗像政逝く。六月十一日、孫文来日。この日、頭山、寺尾亨とともに箱根に行く。この年八月、米騒動各地におこる。
大正八年　五月四日、築地本願寺に講和問題大会を開き、頭山も出席。
大正九年　十月五日、末松謙澄逝く。
大正十年　二月十一日、頭山の盟主たる浪人会、現天皇の渡欧延期を希願。同十八日、頭山、寺尾亨、内田良平の三名も上奏文を奉呈す。三月三日、現天皇、ヨーロッパに出発。九月二十八日、安田善次郎、朝日平吾のため殺され、朝日、北一輝に遺書を送る。十一月四日、原敬、中岡艮一のため殺さる。

大正十一年　一月一〇日、大隈重信逝く。二月一日、山県有朋逝く。同月八日、樺山資紀逝く。同月十五日、宇都宮太郎逝く。三月十七日、藤田留次郎自爆死。頭山、揮毫を送る。三月二十日、『巨人頭山満翁』政教社より発行。九月二十日、柴四郎逝く。同月十七日、広瀬千麿逝く。十月十五日、大井憲太郎逝く。十二月六日、宮崎滔天逝く。

大正十二年　一月十日、中西正樹逝く。二月三日、宗方小太郎逝く。三月十一日、亀井陸良逝く。八月二十四日、加藤友三郎逝く。十二月二十九日、河野広中逝く。

大正十三年　一月頃、虎の門事件にかんし、頭山、内田の名により、ビラ数万枚をあまねく頒布す。二月十三日、杉浦重剛逝く。四月中、頭山ら赤坂演技座において、杉田定一を座長とし暴ロシヤを名として決議す。五月三十一日、アメリカ排日法の成立に憤り無名烈士自殺す。六月二日、無位無官の頭山に対し宮中より御召しあり。押川方義を座長として、国技館に国民大会を開く。七月二日、松方正義逝く。十月二日、三浦梧楼、八代六郎、頭山を訪う。十一月二十五日、頭山、孫文を神戸に訪う。

大正十四年　一月二十一日、頭山ら三十四名、永田町の黒竜会倶楽部に会し、選挙法に関し議す。二月四日、横田千之助逝く。三月十二日、孫文逝去。五月十一日、進藤喜平太逝く。八月二十八日、金子雪斎逝く。九月十五日、寺尾亨逝く。十二月七日、松岡洋右、栗山邸を訪う。

大正十五年（昭和元年）一月二十八日、加藤高明逝く。三浦梧樓逝く。十二月十四日、頭山、田中弘之、内田良平ら民間有志代表として葉山に行き、天皇の病気を見舞う。

昭和二年　二月十八日、根津一逝く。同月二十三日、野田卯太郎逝く。五月二日、景山英逝去。七月十九日、頭山、内田らの発起により、山岡鉄舟四十年忌法要を行う。

昭和三年　一月十日、押川方義逝く。五月三十日、頭山誕生祝いおこなわる。六月四日、張作霖死す。八月二十七日、不戦条約調印成る。同条約中「人民の名に於て」の一句、問題となる。十一月十日、即位の大礼に頭山も参列す。

昭和四年　二月二十二日、川面凡児逝く。四月七日、上杉慎吉逝く。同月十三日、後藤新平逝く。五月二十日、頭山、犬養ら国賓として中山陵に招かる。八月三十日、箕浦勝人逝く。九月二十九日、田中義一逝く。十月二日、伊勢内宮式年遷宮祭に、頭山招かる。十一月二十九日、佐分利貞男、自殺。十二月五日、国士館に頭山、栗野慎一郎、徳富蘇峰ら招かれ、東久邇宮稔彦を接待す。

昭和五年　六月三十日、八代六郎逝く。七月十九日、奥保鞏逝く。十一月四日、秋山好古逝く。十二月二十九日、小村欣一逝く。

昭和六年　三月二十日、本郷房太郎逝く。六月二十六日、山川健次郎逝く。六月二十八

日、内田、大日本生産党結党式行なわれ、頭山、顧問となる。八月二十六日、浜口雄幸逝く。九月二日、一戸兵衛逝く。九月十八日、満州事変おこる。十一月十一日、渋沢栄一逝く。

昭和七年　二月九日、井上準之助殺さる。三月五日、団琢磨殺さる。五月十五日、犬養毅殺さる。六月二十六日、『ジャパン・タイムス』頭山満を特集。佐々木照山を鼓舞する会を開く。

昭和八年　一月二十六日、渡辺海旭逝く。二月二十一日、頭山ら対国際連盟国民大会を開く。六月九日、佐野、鍋山転向声明。十二月八日、山本権兵衛逝く。

昭和九年　一月一日、佐々木照山逝く。二月十九日、伊東巳代治逝く。五月三十日、東郷平八郎逝く。九月二日、田中弘之逝く。九月十二日、大迫尚道逝く。十月十日、高村光雲逝く。十一月三十日、安川敬一郎逝く。

昭和十年　七月十二日、大石正巳逝く。同月十九日、杉山茂丸逝く。九月八日、床次竹二郎逝く。

昭和十一年　二・二六事件おこる。

昭和十二年　二月一日、浅野長勲逝く。七月二十六日、内田良平逝く。

3 「浪人」問題について

以上は藤本の前掲書の巻末につけた年譜の要約にすぎないが、安政から大東亜戦争期にいたる間のある人間の記録である。そこに記入されている死者の名前は、多少とも頭山に関係が深かった者たちである。ただ相撲取りの名前は省略し、頭山が大正年間から心にとめたわが国における社会主義運動の歴史もほぼ省略した。それとともにいわゆる政治の動向についてもほぼ同じであるが、要するにこの年譜だけを見ても、その間における頭山の動きはわかろうかと思う。それは何であるかを簡単にふれておきたい。

まず全体としてこれは、幕末にも生きた人間の範型を示しているということである。もとよりその後戦争期のことは、昭和十九年（一九四四年）に亡くなった頭山のよく知るところではなかったが（八十九歳であった）、しかしながら「尊皇攘夷」を生命としていた彼の頭脳は少しも狂うものではなかった。それはたとえば、この年譜にあらわれる二・二六事件の北一輝、青年将校らの考えと大いにくいちがうはずと思うが、少なくとも頭山の青年時代の考えは、明治維新を再びやるというもので、西郷の考えに一致していた。そのことは明治十三年（一八八〇年）六月に河野圭一郎を獄中に訪い、「謀るところあり」云々のことからもわかると思うが、後にまた一八八三年、野村忍助が井上馨とともに朝鮮に赴く時、平岡浩太郎とともに馬関で出合っているのも西郷の志をつぐつもりだったし、さらに後日、日清戦争の起因ともいうべき天佑俠が、内田良平らに率いられたことも連想される。そして中国の第一革命に加わった北が、少なくとも内田に対しては冷淡な態度をとったことも思い浮かぶが、要するにまず西郷＝頭山の路線と、その文学あるいは宗教をくぐった北の路線（それには青年将校の感受性とがふくまれていた）、さらにはふつう高畠素之の名でしられる国家社会主義の路線とがあったように考えられる。もし左右両翼ということでいえば、今のべた順序で右翼路線ということになるが、いま少し年譜に即してこの問題を考えてみることにしたい。

まずその自由民権論時代というべき時期が問題である。頭山らが作った玄洋社（社長にはならなかったが）の有名な憲則三条は、皇室を敬戴すべし、本国を敬重すべし、人民の権利を固守すべしであるが、明治十一年（一八七八年）はじめて土佐を訪れ、板垣退助のもとから福岡に帰るさい、植木枝盛という天才児をともなって以来、自由民権にかけた精力は抜群のものがあった。翌年愛国社を再起させたのも彼の力によるところが大きいし、さらにその翌年には、さきにふれたように福島に河野圭一郎を訪うている。明治二十五年の民党抑圧までは頭山の自由民権に対する態度はほとんど変わっていない。そして選挙を抑圧してひとまず勝利を収めた吏党も、第三回議会になると農相陸奥宗光が政府の横暴に憤って挂冠、干渉の責任者、内相品川弥二郎も免官となり、ようやく第二次伊藤博文内閣にとってかわったが、それ以来玄洋社は選挙抑圧で有名になった。そのさい松方正義をとらえておどしをかけたのが頭山である。

「……その一言がよほど恐かったと見えて松方はピョンと椅子からとび上った。そして長大息して歎声を発した。大きな男じゃったが、よほど驚いたと見える。向うがあまり恐怖したものじゃから、張合がぬけてそれ以上罵倒もでけんじゃった。……松方にして見ればひどい奴が官権党になったと思ったろう。ずい分厄介な道づれで、場合によっては反対党よりもひどくやっつけるんだからなあ」ということになる。これは松方の苦労を察して政府与党を助けたのに、その後多少元老がうるさく、野党が怖くとも、すぐ内閣を投げだすようではどうなる！　という、頭山の意見であったが、ここで疑問が生じないではない。

つまりここでは日本における政治権力とは何か、それに対する反対党勢力、とくに浪人の存在の意味如何、ということになる。その意味はとくに頭山のような浪人がなぜ存在するか、ということにしぼられる。筆者はそれをひとつ彼の素養から引き出してみたい。

頭山の素養といえば、まず福岡の土地と、その地において受けた亀井南冥の言い伝えであろう。福岡は朝鮮にもっとも近く、ひいては中国の揚子江沿岸とも近い。古くから大陸との交流もあった。そして亀井家はその地における尊皇派の領袖であった。とくにそれは亀井南冥（道載と号す）の名で有名であるが、というのも儒者としては荻生徂徠の系統をひき、それで同じ九州日出の帆足万里や日田の広瀬淡窓とも親しかった。ことに彼は高山彦九郎の思想を伝唱し、福岡勤皇党の領袖とされた。その死後において自ら焚死したという説もあったが、その子が昭陽で家学をついだ。さらにその子暘州が頭山の塾主である。その頭山がよく学んだかといえば、どうも違うようである。しかし彼は、なにかを一度聞いたらけっして忘れないというので、「頭山の地獄耳」と称されていたという。

そしてまだ少年だった頭山にもっとも影響を与えたのは、「人参畑の高場乱」という女姓の医師・儒者をかねた人物である。この人については玄洋社墓地にある女史の碑文に明らかであるが、この乱女史の塾は、そのころ有名だったという正木乙陽の鳥飼塾と対照的に、豪放自由な青年たちが集まったといわれる。金子堅太郎の如きは鳥飼塾出身者であったが、それに比して頭山の学んだ塾は鳥飼塾とは到底比べられないほど奔放自由な空気だったという。

この小さな塾（塾生は十人前後）で女史が得意としたのは全文を諳んじている左伝、尚書であり、論語、周易、史記、三国志、水滸伝、靖献遺言等も教えたというが、その読み方がいかなるものだったかは正確にはわからない。ただ、たとえば明治十二年（一八七九年）冬に鹿児島で『洗心洞劄記』をかりたこと、十三年に杉田定一から『和論語』（沢田源内）をかり、またいつごろのことかははっきりしないが浅見絅斎《けいさい》の『靖献遺言』や永富独嘯庵《どくしょうあん》の『独嘯嚢語』を暗誦した等々の事実から、その非凡な能力を思わずにはいられない。要するに闇斎と徂徠という矛盾する二つのものをあわせ持った思想である。

それとともに朝鮮に近かったことは、明治初年の雰囲気において、青年たちの行動を一定の方向にみちびきやすくした。とくに明治六年の「征韓論争」はのちに「天佑俠」を生じたということになるが（そしてそれは明治三十四年、黒竜会創立に連なる）、前記した「浪人」の形成過程を求めたいのはその時期である。ついでに言えば、この黒竜会のメンバーに国権派の人びとのみならず、大井憲太郎、中江兆民ら、加波山事件、名古屋事件、大阪事件の関係者も少なくなかった（『天佑俠』松本健一解説）ことにも注意されたい。

いわゆる「浪人」問題については、『巨人頭山満翁』のなかに三宅雪嶺の論文がのっており、そこには孔子、孟子をはじめ、由比正雪、山県大弐、頼山陽、寛政三奇人、西郷隆盛、頭山満らが論じられている。浪人会成立は明治四十四年（一九一一年）十月、鳩山和夫死後の衆議院東京補欠選挙のさい、古島一雄を立てた頭山らの活躍によるといってよいが、その十月十九日には『万朝報』に黒岩周六（涙香）がつぎのように書いている。

「……もはや金銭利殖をともなわぬ事件のために奮起する人は殆どないと思ったところ

が、まだ浪人会の如き一団体があった。予は古島君の推されたのを喜ぶよりも古島君を推すほどの気骨気慨のある人が民間に存していたのを喜ぶ。これもまた寝耳に音楽の感がある。」

つまりこのことはおよそ二、三百年を経て「浪人」の地位（?）が世間に認められたことを意味しているが、しかしそれはそれとして、なお世間的には今もたんなる落魄身分というにすぎない。要するに何を為したというのでもなく、行動に一定の軌道もなく、その伝記自体も大部分くらく、東洋ふうの「豪傑」という以外に方法がない。ヨーロッパの歴史には皆無（?）のことであるが、しかしその存在自身が一つの迫力をもっていた。

4　朝鮮問題

少し彼の朝鮮問題についてみておきたい。というのは、これが西郷の理想につながるからである。いったい頭山は朝鮮併合を肯定していたかという問題である。

この問題は案外単純なものではないかと筆者は思う。頭山満は反対していたといってよいからである。いま手もとに『あし牙』という葦津耕次郎の論集があるが、そのなかに次のような話がのっている。

「〔明石元二郎大将に対し〕『日本の政治家なるものは、日本の国民をすら喜ばせる方法を知っておらぬではないか。まして韓国二千万の国民は皆悲憤反対している。それにもかかわらず強いてこれを併合して、我国の馬鹿政治家に任せた位では、とても韓国の民を喜ばせ信頼せしめることができるものではない』と述べた。明石は、それは理想としては君の言うことに間違いないが、今日本は過渡期にある。この時代としてはこれも止むをえぬ事だ。徐々に整理し、完成して行く外はない、と答える。そこで俺は声を励まして『それは本末を顚倒するものだ。自国の政治を整えて外国に及ぶのが当然だ。他国を救うことができぬのみならず、自国をも滅ぼすことだ』と強調し、激論となり、遂に終夜この問題を戦わせて、翌朝の汽車で帰って来た。（略）

後年、頭山翁に偶然のことからこの話をすると、翁は『日韓併合に不満を感じておったのは俺一人かと思ったら、君もそうだったのか』と言われて、欣然と微笑された。」

この葦津耕次郎は珍彦《うずひこ》氏の父であるが、戦前に亡くなった。葦津珍彦の書物のことはのちに記すが、頭山の朝鮮に対する気持は西郷と同じものであったという以上、では征韓論に対する賛成か反対は如何、ということになる。この問題になると筆者は一種の微妙な分裂というべきものがあったろうというほかはないが、それは筆者なりにいうと、天佑侠にすでにあらわれていたと言いたい。というのは、その内的要素はすでに松本健一が記しているように、「内田良平、大原義剛ら玄洋社系の若手壮士は『京城派、釜山派、筑前派、二六派』のうちの一派『筑前派』ということになる」ということであるが、その分裂がいかなるものであったかは、筆者にはそれがカンとして当たっているという以外に、あまり知るところがない。ただ内田と武田範之《はんし》、吉倉汪聖《おうせい》らとが微妙な食いちがいをしていたのではないかと思うが、もとより何ら証拠はない。これは当時の大井憲太郎ら自由党左派と国権派の最初の亀裂ということにも通じ、それを延長すると、戦後における竹内好と平野義太郎の分裂にも通じると思う。ともかく筆者はその最初の亀裂は重大な思想上の問題とせざるをえない。

朝鮮の問題にかえると、その分裂は前にみたように明石と葦津の対立に帰する。明石は日本の進化をたのみ、葦津はそんな進化は本末をわきまえぬことだと批判している。しかし筆者はそれにつけ加えて、その考えの背後にあったものを考えてみたい。それは大井や犬養毅（！）とさえ異なり、「合邦」の推進者、内田良平や杉山茂丸らとも違っている。このことは不明のまま、その孫頭山統一《もとかず》の記すところであるが（『筑前玄洋社』）、ともかく筆者の考えでは、だいたいそんなことは西郷隆盛の思想ではないというにつきる。

これまでに引用した文章を再び引けば、日韓合併の論理は、たとえば『靖献遺言』のなかにも『独嘯嚢語』のなかにもない。まして西郷の愛読書たる『洗心洞劄記』にもさらにない。要するにそれは伊藤の死後、山県有朋、桂太郎、寺内正毅、小村寿太郎、明石元二郎らの政治家がやったことであり、内田良平、杉山茂丸らは「功労者」ではなかった。そのためかとくに玄洋社系統の著作では「併合」「合邦」の使い方に気をつかっていると思うが、しかしそれも頭山自身の考えではなかったと思う。

一般に明治十年になくなった西郷の魂が、つねに韓国問題となると引き合いに出されるが、それは日本の西南地区の士族たちのもので、それをたとえば東北地域のものとはいえない。民権派の意見はこのころまだ未発達で、わずかに雲井竜雄のような反革命（？）的見解にとどまるか、一般に薩長閥に対する憎しみかのいずれかであった。とくに東北地方や北陸地方では西郷敗北の後には、かえってキリスト教の影響がひろがるというありさまで、その使徒のなかには内村鑑三、新渡戸稲造、石井十次ら、西郷から直接間接の影響を受けたものも少なくなかった。東北や信州の文学者、思想家のなかには、大川周明、石川啄木らのような西郷崇拝者は少なくなく、岩波茂雄は西郷と頭山の崇拝者でもあった（『岩波茂雄伝』）。とくにのちに「関東大震災」がおこって、その動・反動が入り混じって以来というもの、西郷の征韓論がかえって固定したものとなった、というほかはない。私見ではあるがそれ以来、現在にいたるもなお、朝鮮を見る国民の眼は、幾分やはり明石元二郎の「進歩主義」を抜けていず、したがって、西郷、頭山の考え方とは無縁である。

頭山の運命ははじめ日本の自由民権運動をめざし、のち選挙弾圧と政府の条約改正反対運動とに絞られる。そして明治二十二年（一八八九年）の憲法発布において、彼の反応はいかなるものであったろうか。この点あまりはっきりしないと思うが、それに関連して当時の中江兆民のことが思い浮かぶ。兆民といえばすぐに、草案を見て「ふん！」と抹殺したような態度を思い浮かべるのがふつうになっているようだが、それがそうでないことを知ったのはつい最近である。

兆民が憲法草案を笑いとばした裏には植木草案、筑前草案等々があったからにちがいないが自らの『三酔人経綸問答』（明治二十年）にいわゆるただ「酒をのむのみ」の「南海先生」があったことは事実であろう。それに関連するが、当時葛生《くずう》玄晫《げんたく》（能久《よしひさ》の兄）が次のようなことを記している。「〔来島恒喜が〕大に東洋の衰運を慨し、欧州諸国の跋扈を憤り、これを救ふの法、朝鮮を独立せしめ我国はこれを根拠として大に雄飛すべきを切論した。当時予は内政の改革を急務となし、藩閥の根抵に大斧鉞《だいふえつ》を加えようと、中江篤介氏を主謀として、日夜同志と計画考慮中であったので」云々というものであるが、ここで不思議に兆民、葛生と頭山（ないし内田）、来島との内外二重性がうかがわれる。

葛生は大隈重信爆殺のための爆弾を用意した男であり、しかもその心は内治に向かっていた。そして頭山、来島らは外治（朝鮮）に向かいながらも、事実は大隈をやめさせ、ひいては黒田清隆内閣を辞職させている。そして中江は朝鮮、中国に関心をいだきながらも内政問題が大切だと考えていた。自由党左派の大井憲太郎もこの問題に関連しているのをみれば、その推移がわかるようである。そのような背景をもととして、ここにあらわれるのが井上毅、中江兆民、徳富蘇峰らである。明治神宮編『大日本帝国憲法制定史』（執筆は葦津珍彦）には次のように書かれている。

「かれが井上家を訪問したときに、中江兆民が来訪していて、井上毅に『三酔人経綸問答』の稿本を読ませ、その批評を聞いて談笑していた話がある。井上は、兆民の経綸問答の政治哲学を、大変に興味ふかい良著であるが世俗大衆の読み物としては難解で、到底『佳人之奇遇』などのようなベストセラーにはなるまい、などと微笑しながら批評している。その対談の様子は、青年時代にフランスに留学したころから信じあった知己親友らしい」

なおここに『佳人之奇遇』があらわれるのも興味をひく。その著者東海散士は柴四郎で、頭山とは早くに知りあい、朝鮮問題にも関係していたのが、筆者にはちょっと意外だった。というのは、井上と兆民との交友であり、しかも蘇峰がそれを記しているからである。井上の死後、兆民の追悼の文章も意外といえば意外であるが、「三酔人」の存在を偲べば、何ら意想を裏切るものではない。そして蘇峰の存在もまた自然であると思う。

要するに筆者は明治憲法の成立をめぐって、頭山はその可否いずれも言わなかったと思わざるを得ない。その点、兆民の姿勢もほぼ似たようなものであるが、その著『一年有半』のなかに井上毅（白根専一とともに）を哀悼しているのを見てもその気持はわかりそうである。頭山が井上をどう評価したかはわからないが、ほぼ同じようなものだったと言ってよいと思う。ただし伊藤博文起草の憲法であるから、その点を割り引く必要がある。井上が明治二十八年（一八九五年）に死去する前後までには、だいぶ伊藤には批判的だったことを思い浮かべざるをえない。

しかしそれにつづいて明治二十五年（一八九二年）二月の「選挙大干渉」となると、問題は九州における自由党への抑圧とそれに対する姿勢如何、ということになる。しかしそれには当時の九州における政治情勢――しかも福岡県の事情が問題である。問題は政治上の建艦か減税かの議題であった。当時は「地租軽減は今の世論であるからこれに反対してはいけますまい」と、玄洋社のなかでさえ言うものがあったくらいだから、頭山の頭にいかにひびいたものかわかる。

とくに第一議会当時の議会の状況は、（後に戦後になってもその点たいして変わりないが）「議員」と「院外団」あるいは「壮士」とよばれたものの喧々集会場といってよいものであった。とくに自由党については、「主勢力であったと思われる彼らは、議員団と院外団の区別にとくに注意をはらわなかったようである。むしろ議員団の特権は排斥されたのではないかと思われる」(升味準之輔『日本政党史論』第二巻)という空気があったのだから、議会勢力と院外勢力との交流が、場合によってはすぐにも変転しうるものだったと思われる。ともかくわが国はじめての議会である。そしてここに「院外団」とよんだものは、それぞれの地域の有力者層(その主なものは県会議員だった)そのものであった。尾崎行雄の『咢堂自伝』にはつぎのようにその院外団の動きが述べられている。

「そのころの政治社会では、暴行することが一種の流行となって、議院内でも暴漢に襲われることが珍らしくなく、繃帯姿で登院する議員も、かなり多かった。犬養君も何時であったか、頭部に傷を受け、島田三郎君のごときは、二三度襲撃を受け、その都度負傷した。高田早苗君は、背後から斬られて、殆んど肺に達するほどの重傷を受けた。もうすこしで即死するところであったが、幸に身体が肥っていたので、一命は助かった。その他、河島醇君・植木枝盛君・井上角五郎君など、相手はそれぞれ異うが、何れも襲撃されて、しばしば繃帯をしていた。また末松謙澄君の議席に、傍聴席から馬糞を投げたり、議員同志議場で殴り合いをしたり、なかなか不穏であった。尤も当時の議席は今のように党派別でなく、大体府県別で、民党の議員と吏党の議員とが、すぐ隣同志に坐っていたから、喧嘩をするには都合がよかった。」

当時もっとも有力だったのは自由党系（？）に属する「盈進社《えいしんしゃ》」の壮士や国権党のそれに対抗した関東派の三多摩壮士で、とくに大井憲太郎の勢力は著しかった。大井の生まれは大分県で天保十四年（一八四三年）であるが、そのためかどうか頭山とも親しかった。大正十一年（一九二二年）に歿しているが、この人物の自由党左派としての、その分裂後の「大阪事件」の指導者としての経歴はあまりにも有名である。ことにわが国の文学・思想史において、北村透谷の運命を考える人びとは、その苦悩の動機が大阪事件への参加と離脱とにあったことまでを考えざるをえない。

ともかくそのような状況のもとに、明治二十五年（一八九二年）の第二回総選挙の抑圧が生まれたのである。その前の選挙に自分の炭鉱を抵当にして金をつくり、政党（＝自由党）のものは一人も福岡から出さず、県知事の安場保和に「コギャン、うれしい事たらナカ」と叫ばせたというが、第二議会では首相松方正義から援助を頼まれ「中途で腰をぬかすようなことがあってはいかんが、絶対につよくやることがおでけになるのですか」と念を押し、松方が念にはおよぶと言ったため引き受けたのである。

第三議会のありさまは既に見たが、民党側には三多摩壮士、吏党側には玄洋社と盈進社（石川県会議長遠藤秀景がリードする）の勇士たちがたむろし、その衝突が危ぶまれた。その結果は選挙では勝ったもののあとがよくなかった。品川弥二郎がやめ（後任は副島種臣）、陸奥宗光農相もやめ（後任は河野敏鎌《とがま》）、それはさらに尾を引いている。しかし自由党の情勢もまず宜しくなかった。その六月に大井憲太郎が脱党して東洋自由党を結成しているが、島田三郎が自由党の方針を攻撃していらい、自由・改進両党の対立が激化した。そしてその年一月には、頭山と九州に行った自由民権の主張者植木枝盛が亡くなっている。要するに後に出てくる歴史書のほとんどすべてがこの選挙干渉を日本右翼の大失策とせざるを得なかった。それどころか『玄洋社社史』や中野正剛の『明治民権史論』までも例外とはいえない。とくにこの政府与党を支持した『玄洋社社史』のそれに当たる部分をはじめて読んだ時以来、その名文が表面に自らの勝利をたたえながら、その文体自身がかえって自由党を礼賛している不思議さに驚きを感じたのを筆者ははっきり記憶している。その間の頭山の心境はいかがであったろうか。もとより筆者はよく知らない。

5　中国との関係

つぎにはその中国との関係が問題となる。中国との交渉は古く「脣歯輔車《しんしほしゃ》」とよばれていたが、その関係が幽霊のごとくにあいまいになったのは、大ざっぱに言えば明治四十四年（一九一一年）の辛亥革命のころからであった。それは一方における西欧化（官僚）の動きと、それに対抗する浪人勢力の動きとに分裂したというほかはない。ここで言う「浪人」は一般に親中国派で、「官僚」勢力は一般にアンチ中国派といえよう。つまり西欧化と「アジア主義」というほかはないが、別に言いかえると進歩主義者と伝統主義者という対立である。

ここで問題となるのは、ほぼ明治十八年に「脱亜論」を書いた福沢諭吉と同じころ、『南洋時事』を書いた志賀重昂と、頭山満らの玄洋社との関係であろう。福沢は甲申事変の蹉跌におどろくとともに、その背後にある「支那」に憤りを燃やし、早くも「御親征の準備如何」を問い始めるとともに、二国との断絶を主張した。それは十年早く日清戦争を予告したものにほかならなかったが、それ以前、福沢の朝鮮の金玉均に対する愛情は有名である。それとともに、前述のように玄洋社の来島恒喜がはるばる小笠原諸島に行き金玉均を慰問したことも連想される。ここでは日清戦争は問題になっていない。しかし頭山は、金玉均が「シナ」に行くというのをとめたが聞き入れなかったので、その愛蔵の刀をやって送ったが、その後まもなく朝鮮の刺客洪鍾宇のため金は殺され、それがもととなって日清戦争もおこった。とにかく当時金玉均への福沢らの愛着はほとんど人をおどろかせるほどのものであった。

さらに同じ頃の志賀重昂の『南洋時事』は、南洋における西欧の侵略をもとに、むしろ日支提携を主張したもので、それは孫文の考えとさして違いはない。その翌年、志賀は三宅雪嶺らと日本主義をおこしているが、その間の希望はいかなるものであったろうか。これも筆者はよく知らない。

しかしその後、頭山は明治四十四年（一九一一年）十二月二十三日に東京駅を出発し、上海に向かった。もちろん武昌におこった中国の第一革命のためである。その時、三浦梧樓はつぎのように語っている。

「犬養と頭山というドレッドノート型の大艦を二隻送り出したし、政府の連中も少しは眼がさめかかったようだからまず一安心というものだ。ナニ、俺が留守師団長じゃというのか、まあそんなものじゃ、（略）目下日本から多数の有象無象が押しわたっていることと思うが、それらのために色々とつまらぬ悪評を立てられて、我国の非常な不利益となるのだ。こういう連中がマゴ〳〵してると、右の混乱時代が来たときに、めいめい得手勝手な方に別れる。（略）こりゃ一つまとめておく必要がある。それには頭山の御大を送り出さねばならぬと思って、出かけて行ってオイ今度は貴公が往かなければならんぜと云ふと『オウ行カウ』と即座に答えた。ああいう風にボーッとしているようだが、なかなか眼から鼻に抜ける機敏な男だから、もうチャンとその位の事はのみこんでいたらしい。彼が行って暫くねころんでさえ居れば、その点は大丈夫だろう。」（『巨人頭山満翁』）

それとともにその後、孫文死後八年ぶりに、同じ頭山、犬養の中国訪問が思い浮かぶ。これは昭和四年（一九二九年）五月二十日に東京駅を出発したが、頭山の一行は、頭山立助、泉、秀三、大藤直哉のほか、佃信夫、水野梅暁、尾崎行雄、大久保高明、大橋為次郎、山本貞美、本間憲一郎、中野亨、藤本尚則らの十四名、犬養の一行は、犬養健のほか、古島一雄、萱野長知、板野友造、清水銀蔵、近藤達児、宮川一貫、高洲大助、故宮崎滔天未亡人、同民蔵未亡人、宮崎竜介・震作両氏らであった。ここに名前をつらねたのは、それぞれが孫文一族と関係があったことを示しており、しかもこれは国民政府が「国賓」として歓迎するというものである。

南京における孫文の葬儀は、

「故総理の未亡人宋慶齢、息孫科をはじめ蔣介石、林森、張継、呉鉄城、陳友仁等が車からおりてくる。その中に梅屋庄吉、菊池良一、山田純三郎ら邦人の顔が見える。梅屋氏がいつのまにか頬鬚、顎鬚を蓄えたのが目につく。（略）艦上の後甲板に安置される霊柩を囲んで故総理の遺族を始め蔣介石氏以下各要人がズラリと居流れる。奏楽裡に獅子山砲台から放たれる礼砲と共に、江上に碇泊中の日英米の軍艦からも礼砲が轟く。（略）孔祥凞氏の指揮で祭典を行い、頭山、犬養両翁や（略）梅屋氏や、宮崎両未亡人、菊池夫人等の純日本紋服の姿は衆目を惹き、故人と日本との関係を如実に物語るものであった。

蔣介石氏は二十八日故孫中山の霊柩を護って南京へ帰った翌日、午前十時、鼓樓の客邸に両翁を訪い、両翁が老齢を厭わず遠路はるばる奉安式参列のため渡来せられたる労苦に対し、国民政府主席として深く感謝すると同時に、蔣氏個人としても年来受くる所の厚情に対し深謝の辞を述べたので、両翁も蔣氏に対し、故孫氏の遺志を継いで同氏が革命の完成に努力し、全国統一の事業まさに成らんとするを目前に見るは実に愉快である。我らの親友孫子氏も定めし地下で喜んでいることだろう。今後も自愛自重して益々統一の事業に努力せられたいと、恰も慈父の愛児に対するが如き温かい言葉を以て接したので、蔣氏もうちとけて種々昔話などくりかえして名残を惜しみつつ辞去した。（略）

六月三十一日は孫文氏公祭の第三日である。両翁一行は中央党本部に赴き、孫氏の遺骸に対して礼拝告別を告げた。一行はまず控室に小憩、蔣介石氏を始め譚延闓、胡漢民、王正延、呉鉄城、宋子文、王寵恵の諸要人が斡旋に努める。定刻礼堂に入り、頭山、犬養両翁はあいならんで霊前に立ち、他の日本人一同はその後に整列する。まず〝哀の極〟の奏楽あり、両翁はまず花環を捧げ、ついで弔辞の代読あり、終って三拝の礼あり、頭山翁は祭壇の後方に安置された故孫文氏の遺骸に告別した。（略）頭山翁はこれに対

して暫くの間これを見つめて低徊去るに忍びざるさま、特に参列者の胸を打った。」(同前)

こうして一行が東京に帰ったのは、昭和四年六月十二日、頭山は七十五歳であった。その年までに頭山の遍歴した歴史は、ある意味では日本の歴史であった。それは政治にかかわりがあったといえばあったが、しかしほぼ五十歳くらいになると、頭山自身は政治には関係しなかったという。ということは、明治三十七、八年戦争のころまでということになる。その前後の彼の行動はよくわからないが、たとえば副島種臣、鳥尾小弥太、神鞭知常らが亡くなっており、翌年には佐々友房、平岡浩太郎が逝っている。これらはいずれも頭山の親友であり、特に副島、鳥尾らはその心友というべきであった。

しかしこれよりさき、前にのべた南京行きのすこし前、同年五月三十日は、旧暦の四月十二日で、頭山の七十三歳の誕生日にあたった。その誕生祝いは頭山と縁の深い東京世田谷の国士館大学でひらかれた。まず開会の宣言は後藤武夫で、つづいて江口定條《さだえ》、望月圭介、床次竹二郎、徳富蘇峰らが祝辞をのべた。つづいて国民政府代表殷如耕が蔣介石の祝電を読んだ。なおその時には首相田中義一がおくれて参会し、「国士館は翁の家塾を以て称せられ往年の松下村塾南洲翁の私学校に彷彿たり、人或は筑の南洲を以て翁に擬するも の固より其れ宜なりと謂う可し」とのべた。

その後昭和三年（一九二八年）九月二十六日、頭山は大礼使長官官房より民間功労者として御即位礼に参列するよう要請された。それら代表二十名は頭山のほか左の面々であった。

団琢磨、木村久寿弥太《くすやた》、土方久徴《ひさあきら》、湯川寛吉、浅野総一郎、浜岡光哲、佐々木勇之助、麻生太吉、堀啓次郎、山下亀三郎、本間光弥、村山竜平、本山彦一、光永星郎《みつながほしお》、三宅雄二郎、留岡幸助、花田仲之助、岸清一、麻生正蔵、以上である。

さらに昭和四年十月二日、天照皇大神宮の式年遷宮祭にまねかれ伊勢におもむいている。御遷宮奉祝献詠披講式には、頭山は、

あなかしこ高くさやけきを秋の夜に天てる神を仰ぐたふとさ

と詠じている。

要するにこの段階における頭山の姿は、もし官吏ならば位人臣をきわめるものに当たるはずであるが、その気配は全然ない。しいてこれを表現するとしたならば、大川周明が『安楽の門』において形容した次のような文章を連想させるかもしれない。

「翁は〝自分は五十までは道楽をやった。自分の道楽は大風の吹いた跡のように、何も残って居らぬ〟と言われたが、私が翁に親炙するようになったのは、その〝大風の吹いた跡〟の翁である。翁の壮年時代の無頓着さは、翁自身が〝神鞭・佐々・根津等と初め

て伊藤博文に会いに往った時、俺が着流しで行ったものじゃから、神鞭が気にかけて、此次行く時には袴だけは着けて行ってくれと言うから、二度目には穿いて行った〃と語り、また初めて副島種臣を訪ねた時は〃あなたはぞんざいな方と伺って居ますから、どうか寝て居てお話し下さいと言われた〃と語って居ることでも知られる。酒と煙草はやらないが、それは生れつき嫌いだったからやらぬだけの話で、食うことは人一倍、女道楽は仕放題という時代があったことは、翁自身も之を語って居るし、それに尾鰭をつけて世間では色々のことを言って居る。併し私が初めて知った五十歳以後の翁は、風貌態度いかにも重々しく押しも押されもせぬ貫禄が自然に備わり、実に行儀よくまた礼儀正しかった。」

頭山の死は「大東亜戦争」が終わる前年、昭和十九年十月五日であった。

参考文献

藤本尚則『巨人頭山満翁』政教社、一九二二年
鷲尾義直編『犬養木堂伝』上、木堂伝記刊行会、東洋経済新報社、一九三六年
中江篤介『一年有半・続一年有半』『三酔人経綸問答』岩波書店、一九三六年、四七年
葦津耕次郎『あし牙』葦牙会、一九三九年

明治神宮編『大日本帝国憲法制定史』サンケイ新聞社、一九八〇年
板垣退助監修『自由党史』下、岩波書店、一九五八年
升味準之輔『日本政党史論』第二巻、東京大学出版会、一九六六年
大川周明『安楽の門』出雲書房、一九五一年
平野義太郎『馬城・大井憲太郎伝』、福島新吾編著（『大井憲太郎の研究』別刷）風媒社、一九六八年

解説　問題の「はかなさ」を知る人

渡辺京二

喇叭《らっぱ》を吹いている旧制中学生の写真がある。庇の深い学生帽をかぶり、五ツボタンの黒い制服を着ている。襟にはVの徽章がつけられていて、彼が最上学年の五年生であることを示している。顔は色白で、切れ上がった目と尖った顎が、雄々しくもなにか悲しげにも見える。首はがっしりと太い。背はすっと伸び、肘から直角に曲げられた右手が総《ふさ》のついた喇叭を保持しているが、印象深いのは、作法通りズボンの縫い目にそって伸ばされている左手である。頑丈かつ繊細で、指が異様に長い。これは芸術家の手である。喇叭の吹き鳴らす瀏喨《りゅうりょう》たる響きは何を告げているのか、大人びた風貌でありながら初々しく、端正かつ寂しげである。ここに写っているのは広島高等師範付属中学喇叭部員の橋川文三である。

喇叭というのはただの楽器ではない。それは戦闘における兵士の進退を指示し鼓舞するものである。橋川の中学五年というと、昭和一三年である。すでに日中戦争が始まっており、中学教育は軍国色に染めあげられていた。ここに写っているのは一個の愛国少年なのである。しかしこの少年は小学生のときから明治・大正の文学に親しみ、この頃はジイド、ランボーを読み耽る水準に達していたのだった。

橋川文三（一九二二〜一九八三）は、埴谷雄高、竹内好、吉本隆明、鶴見俊輔の名と並んで、戦後思想の一潮流を代表する思想家である。むろん彼は丸山学派に属する思想史家であったから、論著の基本スタイルは学究風で、竹内、吉本、鶴見のように論壇の論客として発言することは少なかった。にもかかわらず、敗戦の受けとめかたとそこからの立ち直りを通して、真の思想的主体とはいかにあるべきか、模索し苦闘した点で、彼は思想家の名に値する数少ない戦後の思索者のひとりであったし、そのことは一見学問的自己抑制に貫かれた研究論文においてさえ、歴々と看取されるところだった。

思想家としての橋川について銘記すべきなのは、戦争中自らを美しく戦死すべきものと思い定めていたことである。にもかかわらず、徴兵検査では丙種として兵役を免除された。敗戦直前の昭和二〇年三月、詩人宗左近の応召歓送会の席上、橋川が白井健三郎、いいだ・ももらと激論になった話は諸書の録するところだが、議論の中味はともかく肝心なのは、白井・宗・いいだたちが、徴兵検査で何とか不合格になるべく、絶食するとか醤油を飲むとか手立てを尽くしたのに対して、橋川が不合格によって虚脱し、生きる意欲さえ失った事実である。

橋川が戦争で美しく死にたいと思いつめたのには、愛読していた保田與重郎＝日本浪曼派の影響もあろう。しかし本人の回想によると、彼は日本軍の非行も政治家・官僚の腐敗も知っていたのである。にもかかわらず、愚直なまでに国難に殉じようとした。この己れのパトリオティックな激情は一体何であるのか、敗戦によって安易に「反省」したり変身したりするのではなく、それにこだわりそしてつき詰め、そこからより開けた普遍的認識へにじり寄ろうとするのが、彼の戦後の著述の根本動因となる。彼自身「私はあの凄まじい超国家主義時代の経験をたんなる錯誤として、また特殊日本的な迷妄としてではなく、まさしくある一般的な人間の事実としてとらえなおすことによって、かえって明朗にこれに対決する思想形成が可能であると考えた」と語る通りである。

このことは橋川がなぜ文学者とならずに政治思想史の研究者になったかという謎に関わる。彼は中学時代から文才を発揮し、一高に進んでからは校内誌・紙にエッセイや詩を発表して、天才とまで言われた。東大法学部に進学したとき、彼を知る人はみな意外の感にうたれたという。橋川自身は戦後語ったように、不条理の死をすすんで甘受すべき運命の前には、「文学ってのはまあそれだけのもの」という実感があった。だとすると後年『日本浪曼派批判序説』において批判したような、美の惑わしによって政治的過誤に陥る危うさを、すでに予感していたということだろうか。

橋川は思想史的論文から文学的エッセイに至る広汎な文業を残したが、その最も基底にある主題は、人間として正義・平等・友愛を求める素朴な情念が、なぜ政治思想としてナショナリスティックな、あるいは右翼的な潮流として現象せざるを得ないのかという、日本近代社会形成に関わるアポリアにあった。

それは即、明治維新期に渦巻いていた国民各層の欲求・情念・幻想が、天皇制資本主義国家創設の方向に誘導・集約されたプロセスの解明にほかならず、力点は明治二〇年代初頭の国会開設・憲法発布までの様ざまな歴史的可能性に置かれる。「明治元年に成立した新しい権力の進路は、アプリオリに後年の明治国家を必然としたというのではなく、その間にはなおさまざまな可能性が孕まれていたということである。極言すれば明治二十二年憲法によって形成された国家は、多くの可能性の中から、たまたま一つだけのチャンスが選びとられた結果として生まれたにすぎないという意味である。明治十年の内戦の終結は、その豊かな可能性のるつぼを、ただ一つのチャンネルに注ぎこむことになったといってもよい」(『明治人とその時代』)。

本書『幕末明治人物誌』所収の文章中で言えば、このような橋川の視座を最もよく語っているのが『西郷隆盛の反動性と革命性』であるのは言うまでもない。一九六八年に書かれたこの論文が与えた影響は非常に大きく、私自身その影響のもとに自分なりの西郷論を書いた。橋川のこの論文がなければ、西郷は反動士族の親玉という粗大な像のままにとどまっていたかも知れないのだ。

本書中、最も早い執筆は『乃木伝説の思想』で、行きつ戻りつする橋川の独特な叙述スタイルの魅力が十二分に発揮されている。橋川が論壇に初登場したのは一九五八年（昭和三三年）であるが、翌五九年にかけてはほとんど売れっ子というべき活躍ぶりで、六〇年に初著作『日本浪曼派批判序説』が刊行されるに及んで、文名は確立した。『乃木伝説の思想』は『思想の科学』一九五九年六月号に掲載されたのだが、私はその号でこの論文を読んだ。つまり私の脳裏には、自分の志向に極めて近い文筆家として、すでに橋川の名が刻印されていたのである。

私の記憶では、吉本隆明と橋川文三の出現はほとんど時を同じくしている。二人とも私の大事な先生となったお方だが、まず何より彼らの文体が魅力だった。それまで私は中野重治と花田清輝の文章にいかれていたが、吉本・橋川の文章には、それまでの日本の文人にはない新しさが感じられた。しかし、吉本のような文体はあまりに独特すぎて、自分には書けないと思った。ところが橋川の文体はしっくりとする。つまり真似ができそうなのである。

『乃木伝説の思想』の文体が放つ強烈な魅力は、まず対象のもつ謎めいた印象に様ざまな角度からアプローチし、容易に論断を下さないところから生じる。対象の中核にいきなり踏みこむことをせず、ぐるぐる廻って、遠ざかったり近づいたりしながら、眺めすがめつする趣きで、しかも遂に論断に及ぶや、果敢というか過激というか、わからんならそれでいいと、読む者を突き放さんばかりである。つまり極度に慎重、抑制的であるようでいて、実は激しい一刀両断の衝動が見てとれる。

右に述べたところは橋川の著述全体にわたって言えることだと思うが、特に初期の述作に顕著で（と言っても、この時彼はすでに三〇代後半なのである）、年を経るごとに文体は次第に穏和になり、真の美は突出したところにはなく平凡の貌を帯びるものだといわんばかりである。

本書に収録された諸文章は、いずれも執筆年代に注意して読んでほしい。橋川は一九七〇年代の末からパーキンソン病に苦しみ、その影響は八〇年代の著述に歴然たるものがある。たとえば、一九八三年執筆の『岡倉天心の面影』では、丹羽愛二の根岸党についての叙述が三ページ以上にわたって引用されている。橋川は引用の名手であって、以前ならこんな、材料をまるごと投げ出すような不細工を自らに許す人ではなかった。

橋川は一九七九年、西郷伝執筆のため九州に取材の旅をした際、熊本市を訪れ、季刊誌

『暗河』のメンバーと歓談したが（橋川は『暗河』の諸君に敬意を表しに来たと、その際語った）、二年前の初来訪のときと較べても明らかに病いに苦しんでいた。ものを食べても味がせぬとのことであった。また同行した『朝日新聞』記者赤藤了勇氏の話では、宮崎の故老を訪ねた折も、赤藤氏に「君、聞いといてよ」と言って、門前で仔犬と戯れていたという。橋川は寡黙な人であった。それだけに深く湛えられた悲哀に、私は言葉を失う思いだった。

しかしそのような衰えを示すにしても、本書に収められた晩年の論述にさえ、橋川の目配りの広さ、博大な知識、センスのよさは際立っている。材料をして自ら語らしめるというのが、あるいは晩年の志向だったのか。「書かれたことよりはるかに沢山のことを心得ているのでなければ内容が貧弱なものになってしまうことはいうまでもない」と彼は書いている（『著作集』第三巻七六ページ）。心得ていることのほんの一部を、この人は書いたにすぎないのだ。

歴史は主役だけで動くものではなく、蔭には無数の脇役の働きがある。後藤象二郎は準主役であっても、いまの人には耳遠い存在だろうし、小泉三申も知る人ぞ知るにせよ、いまとなっては無名に等しかろう。松陰や龍馬のような超有名人にまじって、今日忘れられたこのような人物に光が当っていることも、本書の今日的有用性ということになろう。

橋川文三の名も今日、「知る人ぞ知る」状態に近づいているのかも知れない。しかし私は嘆くことはしない。この人の仕事の独自さと深さは一時の流行とは関係がないからである。今を時めく論客（もう論客などというものは存在せず、ひしめくのは解説屋・情報屋なのかも知れないが）がすべて、あと何十年かすれば忘却されるのは必至だ。だが、橋川の仕事は常に少数者によってであれ、記憶され愛読され続けるだろう。彼は自分の仕事を「直観のようなものに頼って、はかない問題にとっくむ」ものと述べている（『著作集』第三巻七六ページ）。己れの直観を信じ、己れの取り組む問題の「はかなさ」を知ることこそ、本物の歴史家の第一要件にほかならない。

私は橋川氏とそれなりの因縁のあった者である。端的に言えば、ただならずやさしくしていただいた者である。本来なら、橋川などと呼び捨てにすることがまずあってはならぬのである。そのことと、橋川氏の伝記的事実については宮嶋繁明氏の『橋川文三　日本浪曼派の精神』（弦書房刊）に教えられたこと、冒頭で述べた写真も同書の表紙を飾るものであることを断わっておきたい。

（わたなべ・きょうじ　評論家）

初出一覧〔発表年代順〕　＊は著作集未収録

乃木伝説の思想　『思想の科学』一九五九年六月号
高山樗牛＊　『朝日ジャーナル』一九六二年九月十六日号
蘆花断想　『早稲田大学新聞』一九六三年四月二十五日
小泉三申論　『思想の科学』一九六五年四月号
西郷隆盛の反動性と革命性　『展望』一九六八年六月号
明治的マキャベリスト　『明治の群像4　権力の素顔』（三一書房）、一九七〇年二月
維新前夜の男たち＊　『月刊教室の窓　中学国語』一九七〇年三月
吉田松陰＊　『江戸の思想家たち（下）』（研究社出版）、一九七九年十一月
内村鑑三先生　『内村鑑三全集』第九巻月報8（岩波書店）、一九八一年五月
頭山満＊　『日本の国士』（有斐閣新書）、一九八二年十月
岡倉天心の面影　『年報政治学一九八二年版　近代日本の国家像』（岩波書店）、一九八三年九月

編集付記

一、本書は著者の幕末明治期の人物を論じた作品を独自に編集したものである。編集にあたり、人物の没年順に配列した。中公文庫オリジナル。

一、筑摩書房版『橋川文三著作集』を底本とした。著作集未収録である「維新前夜の男たち」は『政治と文学の辺境』(冬樹社、一九七〇年)、「高山樗牛」は『標的周辺』(弓立社、一九七七年)、「吉田松陰」「頭山満」は初出をそれぞれ底本とした。

一、底本中、明らかな誤植と思われる箇所は訂正した。引用文については可能なかぎり出典と照合し、誤記、欠落などは訂正した。難読と思われる語にはルビを付した。

一、本文中、今日の人権意識に照らして不適切な語句や表現が見受けられるが、著者が故人であること、執筆当時の時代背景と作品の文化的価値に鑑みて、原文のままとした。

中公文庫

幕末《ばくまつ》明治《めいじ》人物《じんぶつ》誌《し》

2017年9月25日　初版発行
2018年8月30日　再版発行

著　者　橋川《はしかわ》文三《ぶんそう》

発行者　松田陽三

発行所　中央公論新社
〒100-8152　東京都千代田区大手町1-7-1
電話　販売 03-5299-1730　編集 03-5299-1890
URL http://www.chuko.co.jp/

DTP　ハンズ・ミケ
印　刷　三晃印刷
製　本　小泉製本

Published by CHUOKORON-SHINSHA, INC.
Printed in Japan　ISBN978-4-12-206457-7 C1121

中公文庫既刊より

各書目の下段の数字はＩＳＢＮコードです。978－4－12が省略してあります。

む-28-1
幕末 非命の維新者
村上一郎
大塩平八郎、橋本左内から真木和泉守、伴林光平まで。歌人にして評論家である著者が非命に倒れた維新者たちの心情に迫る、幕末の精神史。〈解説〉渡辺京二
206456-0

お-2-12
大岡昇平 歴史小説集成
大岡昇平
「挙兵」「吉村虎太郎」など長篇『天誅組』に連なる作品群ほか、「高杉晋作」「竜馬殺し」「将門記」など戦争小説としての歴史小説全10編。〈解説〉川村湊
206352-5

よ-15-9
吉本隆明 江藤淳 全対話
吉本隆明
江藤淳
二大批評家による四半世紀にわたる全対話を収める。『文学と非文学の倫理』に吉本のインタビューを増補し改題した決定版。〈解説対談〉内田樹・高橋源一郎
206367-9

み-9-11
小説読本
三島由紀夫
作家を志す人々のために「小説とは何か」を解き明かし、自ら実践する小説作法を披瀝する、三島由紀夫による小説指南の書。〈解説〉平野啓一郎
206302-0

み-9-12
古典文学読本
三島由紀夫
「日本文学小史」をはじめ、独自の美意識によって古今集や能、葉隠まで古典の魅力を綴った秀抜なエッセイを初集成。文庫オリジナル。〈解説〉富岡幸一郎
206323-5

な-68-1
新編 現代と戦略
永井陽之助
戦後日本の経済重視・軽武装路線を「吉田ドクトリン」と定義づけた国家戦略論の名著。岡崎久彦との対論を併録。文藝春秋読者賞受賞。〈解説〉中本義彦
206337-2

な-68-2
歴史と戦略
永井陽之助
クラウゼヴィッツを中心にした戦略論入門に始まり、愚行の葬列である戦史に「失敗の教訓」を探る。『現代と戦略』第二部にインタビューを加えた再編集版。
206338-9